中公新書 1755

阿辻哲次著

部首のはなし

漢字を解剖する

中央公論新社刊

はじめに

分類の原則

だれにも経験があることだろうが、個人の趣味として集めているものが少しずつ増えてくるのはほんとうにうれしいものだ。記念切手や外国のコインであっても、お気に入りのミュージシャンのCD（昔はLPレコードだった）であっても、あるいは旅先で食べた駅弁や旅館の箸《はし》袋であっても、最近はめっきり減ったが喫茶店でくれるマッチのラベルであっても、コレクションがしだいに充実していくのを感じると、コレクターの頰《ほお》はついついゆるんでしまう。

コレクションとされるものに、すべて具体的な目に見える形があるとは限らない。先日開かれた同窓会で久しぶりにあった女性は、数年前にパソコンを買ってから「電子メールのコレクション」が楽しくてしかたないといっていた。学生時代に書道部の部長を務めていた彼女は、毎年ため息が出るほどに鮮やかな年賀状をくれていたのだが、いつまでも文字を手書きする時代ではないと一念発起して、コンピューター教室に通ってパソコンの操作を覚えた。

私が知っている書道関係者にはコンピューターとできるだけ関係をもちたくないと考えて

いる人が多いのだが、彼女は時代をとりまく環境を率直に認識して意識を切り替え、プロバイダとの契約もメールソフトの設定も自分でおこない、なんとか電子メールを出せるようになった。最初はほんの数行だけの稚拙なメールだったのが、最近ではメール末尾につける「署名」も数種類を使い分け、(^.^)や(-.-)などの「顔文字」までも使いこなして、けっこう凝ったメールを出せるようになったという。彼女は知人と電子メールを交換するのが楽しくてしかたなく、もはやメールのない生活など考えられないという。

私ともぜひ「文通」したいというのでアドレスを交換すると、翌日さっそくメールが届いた。それ以後なんどかメールのやりとりがあって、あるときちょっとした用事でメールを送ったところ、そのメールが彼女にとってちょうど一千通目の、記念すべき受信メールとのことで、当方の用事はそっちのけの、すっかり舞いあがった感激メールがきた。

日常的な業務の一環としてメールを使う私は、彼女がこれまで受信したメールの総数を把握していることにびっくりしたが、さらに驚いたことには、これまで受信したメールを一切削除せず、すべてハードディスクの中に保存しているのだそうだ。

ただメールが受信日時順に並んでいるので、読みたいメールを探しだすのにちょっと苦労するという。フォルダを作って分類すればいいのにと伝えると、そんな方法があったのか、さっそく試してみる、とこれまた感謝のメールが折り返し届いた。

閑話休題。個人の収集物の数が増えてゆくにつれて、やがて分類という作業が必要になってくる。切手や箸袋、あるいはマッチのラベルなどは、そんなに場所を取らないから、専用のノートやアルバムに整理しておけば管理も簡単だろうが、CDは百枚ほどになると、ミュージシャンやジャンルごとにわけておかなければ必要なときに出てこない。パソコンのファイルだって、ハードディスク内のデータが増えてくると、しかるべきフォルダを作って整理しておかなければ、いざというときにデータが見つからないということになりがちだ。

図書の配列

そしてそれが書物であれば、厳密な分類方法を確立して管理しなければならないことは、いまさらいうまでもないことだろう。

きわめて大量の書物を必要とする東洋学系統の講座に所属していた私や仲間たちの下宿は、大学院に進んだころくらいから、大げさにいえば「書物の海」という様相を呈しはじめていた。大学院を終えて助手になるまで、私は洛北《らくほく》のある農家で、八畳二間からなる離れをまるまる一人で借りていた。相当に老朽化した家屋ではあったが、一人で暮らすには贅沢《ぜいたく》な広さだった。しかし実際には生活空間としてそんなに広いというイメージはなかった。私はそこに、棚が六段あるスチール製の本箱を十八台並べており、それでも本は収まりきらず、机の回りや廊下にも本があふれていたのだった。

あるいは自分の蔵書量を自慢しているように受け取られるかもしれないが、しかし私だけが例外的な「蔵書家」だったのでは決してない。東洋学関係の仲間はみんな、大なり小なり個人の図書館を抱えて暮らしているようなものだった。自分はアパートの四畳半の部屋に寝起きし、それ以外に「書庫」として近くのアパートの六畳の部屋を借りていた先輩がいた。また後輩の一人は、新しい下宿の契約をすませ、新居に引っ越し荷物を搬入しだしたとたん、「そんなにたくさんの本をおもちだとは思いませんでした」という理由で大家さんから入居を拒否されたという経験をもっている。

自分が読んだ本が本箱にどんどんと並んでいくのは、読書経験が豊かになっていくのとあいまって無性にうれしいものだが、しかし書物の数が増えるにつれて、蔵書の管理には大いに神経をすり減らす。本箱が二〜三台という程度なら、もっている書物を本棚に手当たりしだいに並べておいても、端から順に見ていくだけで探す本が簡単に見つかるだろう。しかしそれが五台くらいになってくると、一定の原則にしたがって並べていないと、いざというときにその本がなかなか出てこない。

それでも個人の蔵書ならしょせんは高が知れている。だが学校や町の図書館になると規模がちがうから、それがきちんとした原則にしたがって分類されていないと大変なことになる。

どこの図書館の蔵書でも、かならず書物の背中にラベルが貼られていて、そこに数字やローマ字で番号が記されている。日本の図書館では一般的に「日本十進分類法（NDC：Nippon Decimal Classification)」と呼ばれる分類方法が採用されていて、0から9までの十種類の数字を何桁《けた》か組みあわせて内容が表される。たとえば最初が「3」ではじまるのは社会科学に関する書物、「9」ではじまるのは文学関係の書物、という具合になっていて、数字にはさらに下位区分が設けられる。最初が同じ「9」、つまり文学関係の書物であっても、二番目の数字が1、つまり91なら日本文学であり、92は中国文学、というようになっている。

漢字の配列

大量のものをある一定の「入れ物」の中に納めるには、どんな場合でも何らかの原則が必要である。図書館の書物分類法は、そのもっともわかりやすいケースにほかならない。

辞書においても、内部に語彙《ごい》や文字を並べるための原則が必要であることはいうまでもない。いまの日本で刊行されている漢和辞典では、ほとんどの場合漢字が「部首」、すなわちその字におけるもっとも主要な構成要素によって分類され、同じ部首の中では全体の画数の順番に漢字が並べられている。しかしある漢字がどの部首に属するかはわかりにくいことが多く、また時代や出版社によって部首の帰属がことなることがしばしばある。それで漢和辞典には、漢字をすばやく探しだすための索引が用意されていて、ふつうは音訓索引・総画索引・部首索引の三種類が備わっている。

漢和辞典である漢字を調べようとするときに、読み方がわかっていればまよわず「音訓索引」を使えばよい。国語辞典や英和辞典が漢和辞典ほど使いにくくないのは、五十音やアルファベットなどの発音順で引くシステムになっているからにほかならない。漢和辞典だって、もし五十音順で検索できれば国語辞典を引くのと手間がほとんどかわらないから、調べたい漢字の音か訓がわかっていれば、音訓索引を五十音順に見ていくとやがて目的の漢字が出てくるはずだ。

しかし皮肉なことに、漢和辞典で漢字を調べようと思うのは、その漢字の読み方を調べるためであることが多く、そんなときには音訓索引が使えない。そうなると総画索引か部首索引を使うしか方法がないが、しかしこれがどちらもなかなか一筋縄ではいかないものなのだ。

漢字の読み方はわからないが画数はわかるという場合なら、総画索引を使うのが便利だ。たとえば「卞」の読みを調べたければ、総画索引の四画のところを見ていくとこの字に出あうはずで、該当のページを見ると、これが音読みでは「ベン」と読み、もともとは「弁」の異体字であるが「かんむり」という意味では使われず、「のり（法）」とか「手でなぐる」という意味だ、ということがわかる。

ところがこの画数というのも実はなかなかの曲者《くせもの》で、漢字の総画数は慣れないうちはかなりわかりにくい。さきほどの「下」でも、手書き字で上の点と《下》がつながっていたら、三画と計算してしまうかもしれない。

もっとよく使う漢字で、「出」が五画であることはまだわかるとしても、「凸」や「凹」も同じ五画の漢字だとすぐにわかる人は、世間にはそんなに多くないだろう。まして七画の「亜」の旧字体である「亞」が八画であることなど、よほど漢字に詳しい人でないとわからない（試みに書いてごらんになることをおすすめする。めでたく八画になれば、その書き方が正解である）。本文中にも書いたことだが、どう書いても五画にしかならない「卍」が漢和辞典では六画と計算されるのは、どうにも腑《ふ》に落ちない話である。

さらにやっかいなことには、画数が時代によってことなる漢字まである。「臣」は伝統的には六画と数えられる漢字なのだが、戦後に定められた「当用漢字」（およびそのあとを受けた「常用漢字」）では字形が微妙に変えられた結果、七画と計算されるようになった。ことは「臣」だけでなく、《臣》を構成要素に含む「賢」や「堅」などの総画数もそれに連動して変えられた。手元にあるコンパクトな漢和辞典では、「賢」は十六画（《貝》部九画）、「堅」は十二画（《土》部九画）となっている。しかし同じく《臣》を構成要素に含んでいる「宦」は、三画の《𠂉》と《臣》の組みあわせなのに、十画ではなく九画となっている。

いったいなぜそんな不思議なことがおこるのか？　それは「賢」と「堅」は当用漢字（常用漢字）に含まれているので《臣》を七画と計算するが、「宦」は当用漢字にも常用漢字にも含まれていないので、そのときには昔ながらに《臣》を六画で計算する、ということになっているからである。しかし私たちがふだん漢字を使うときに、その漢字が常用漢字に入っているか否かなどはまず考えもしない。だから「賢」や「堅」では《臣》を七画で計算し、「宦」は「表外字」（常用漢字に入っていない漢字）なので六画で計算するというのは、お役所の都合以外の何ものでもないというべきだろう。

はっきりいえば、いまの日本では画数を計算する統一的な基準がきちんと確定されていないといっても過言でない状態なのである。だから総画索引を使いこなすのは、まことに至難のわざである。日本ではまだ見かけたことがないが、中国で出版されている辞典の中には、「総画数を計算して、該当画数のところを探しても調べたい漢字が見つからなければ、自分が計算した画数に一を加えたり引いたりして調べてみよ」、という親切なコメントをつけているものまである。まことに良心的というべきだろう。

総画索引よりもさらに複雑なのが、本書で取りあげた部首索引である。部首とは漢字を整理する際に設けられる構成要素の共通部分をいい、平たくいえば、日本語でいう「さんずい」や「こざとへん」、「くさかんむり」などの総称である。

現在刊行されている漢和辞典の大多数は、漢字を部首ごとに分類して配列する方式をとっている。これは文字学的にはもっとも合理的な方法であって、改良を繰り返しながら二千年近くにわたって使われてきた方式なのだが、しかし調べたい文字がどの部に属する文字かがわからないと、この方式がまったく使えない。

部首索引の使い方は、小学校の国語の授業でも一通りは習う。しかしそれは「松」や「組」を部首索引で引きなさいという程度の、非常に簡単なケースがほとんどだ。それが「河」や「茨」であっても、さんずいへんは四画の《水》を、くさかんむりは六画の《艸》の部を見るということさえ知っていれば、探す文字が簡単に見つかるだろう。しかしすべての漢字の部首がそんなに簡単にわかるとは限らない。「舒」が《舌》部にあったり、「死」が《歹》部に属しているというのは、その方式に習熟していないとなかなか思いつかないものだし、「舊」が「旧」になり、「與」が「与」になったりすれば、時代によって所属する部首が変わってしまう。

部首別配列は、漢字を配列するためにこれまでもっともよく使われてきた方法であり、かつもっとも合理的な方法であったといえるが、しかしそれは完璧《かんぺき》な方法では決してなかった。そこに多くの問題が存在することは、本書のあちらこちらで述べた通りである。

部首索引を使いこなすには、習うより慣れろ、という格言に従うのが最適である。本書がそのために少しでも役立つところがあれば、著者としてそんなにうれしいことはない。

本書は大修館書店刊行の『月刊しにか』に二〇〇一年四月より二年間連載した「部首のはなし」を大幅に加筆したものである。また、各部の標目には、静嘉堂文庫所蔵宋刊本『説文解字』所載の小篆《しょうてん》を掲出した。大修館書店と静嘉堂文庫に対して、心より謝意を述べる次第である。

部首のはなし　目次

部首のはなし

【一】 1画 いち

一

どこの出版社から刊行されている漢和辞典でも、漢字を部首別に配列する方法をとっているかぎり、最初にかならず《一》部がある。「一」は数字のはじめであり、画数が一画しかない、もっとも簡単な漢字だからにちがいない。

全体の画数が一画しかない漢字は、こまかく探していけば「丶」や「亅」「丿」「乀」「乁」などがあるが、文章中に文字として日常的に使われるものでは、「一」と「乙」しかないといえる。したがって、合計数万個もあるといわれる漢字をすべて総画順に並べていけば、「一」がトップにくることはおそらくまちがいない。

辞書の中に数千もの漢字を配列するには、一定の原則がなければならないことはいうまでもない。これが国語辞典や英和辞典なら、「あいうえお」や「ABC」などの発音順が使える。ところが漢字を並べるときには、「あいうえお」のような読み方の原則にしたがった方法が使えない。漢字には音読みと訓読みがあり、たとえば「平」という字を「へい」で並べるか、あるいは「たいら」で並べるかは、人によってまちまちである。それならすべて音読みで並べればいいと思われるかもしれないが、「平」には「ヘイ」（漢音）と「ビョウ」（呉音）という二種類の音読みがあって、どちらを基準にするかが難しい。それに読み方がそう簡単にはわからない漢字だってたくさんある。いや、むしろそちらのほうが多いかもしれない。

読みがな順に配列する方法が使えないとなると、字形の特徴によって並べるしか方法がない。そこで登場するのが、部首による配列である。多数の漢字を一定の順に配列する合理的な方法は実はこれしかなく、この漢字の配列システムは現代でも漢和辞典以外に、いろいろなところで使われている。

たとえばかつておこなわれていた活版印刷の現場では、活字がこの順序にしたがってケースに収納されていた。活字はいまの日本からはほぼ消滅しかかっているが、しかしもっと現代的な話でも、パソコン・ワープロや携帯電話で使える漢字を定めたＪＩＳ規格（JIS X0208：1997）にも、この部首の原則が使われている。

ＪＩＳ漢字は、日常的によく使われる漢字を「第一水準」、それほどよく使われない漢字を「第二水準」にわけているが、その規格表では第一水準は漢字が音読みと訓読みを併用する形で配列され、第二水準では部首順に配列されているのである。つまりコンピューターの時代においても、漢和辞典の部首法がしっかり生きている、というわけだ。

さてこのように漢字を部首によって分類し、配列する方法は、後漢《ごかん》の時代、西暦でいえば一〇〇年ちょうどに許慎《きょしん》が著した『説文解字《せつもんかいじ》』にはじまるのだが、その『説文解字』でも最初に《一》部が置かれている。しかし『説文解字』が「一」という漢字にあたえた解釈は、「惟《こ》れ初め太極、道は一に立つ、天地を造分《ぞうぶん》し、万物を化成す」というものである。これは非常に難解な理論なのだが、要するに「宇宙の根元である『道』は、この『一』にはじまり、『一』から万物が生成されてゆく」ということである。そして『説文解字』では「一」がもっているこの意味を構成要素とする漢字として、「元」「天」「丕」（大きい・立派である）「吏」の四文字がその《一》部に収められている。

『説文解字』は中国最古の文字学書であり、伝統的な学術体系の中で、漢字に関してもっとも権威のある書物として、長期にわたって高く評価されてきた。たしかにいまから二千年近くも前に、九千以上もの漢字の構造を明らかにし、そこから各文字本来の意味を究明したその価値はいまも色あせないが、しかし各文字に対する個別の解釈には、時代的な制約によって過度に哲学的な部分が見られ、その点では現在の文字研究において修正を余儀なくされることがしばしばある。

「一」という漢字を「宇宙を創造する根元」と解釈しているのはその一例であり、「一」は横棒を一つ示すことで、数字の「一」を表したものにすぎない。横棒に見えるものは、実際にはおそらく算木《さんぎ》（かつて演算に用いられた短い棒。縦横に並べて数を表した）を一つ置いた形であろう。

漢和辞典の冒頭にある《一》部は、部首字としてほかの漢字に意味をあたえるものではなく、単に字形を整理するために設けられたもので、その部には「七」「丁」「下」「三」「上」「丈」「丑」「不」「丘」「且」「世」「丙」「丞」「百」などの漢字が収録されているが、いずれも数字の「一」という意味で《一》の形を含むものではない。

たとえば「一」の次にある「七」は、古い字形では「十」とよく似ていて、左右に走る横線を上下の縦線で断ち切ることを表し、もともとは「すっぱり断ち切る」意味だった。「切」という字が《七》と《刀》からできているのが、その証拠である。

同様に三番目にある「丁」は、甲骨文字《こうこつもじ》や金文《きんぶん》などの古代文字では、文字全体が円形もしくは四角形に書かれていて縦線がない。これは釘《くぎ》の頭を真上から見た形で、だから「釘」が《金》と《丁》からできているわけだ。ちなみに「丁」という字形が登場するのは、秦の始《し》皇帝《こうてい》の時代に作られた「小篆《しょうてん》」という書体からあとのことである。

【乙】

1画

おつ
おつにょう

「乙」もまた一画の漢字であるが、それを部首とする《乙》部も、《一》部と同様に、ほかの漢字に意味をあたえる要素として機能するのではなく、字形を整理する目的だけのために設けられたものにすぎない。

「乙」という字の解釈はなかなか難しく、漢和辞典によってそれぞれことなった解釈が記されているようだ。最古の文字学書『説文解字』では、「乙」を草木の芽が曲がりくねりながら伸びてゆく形をかたどったものと考えているが、同じく言語文字学の古典で、戦国時代にできたと考えられる最古の辞典『爾雅《じが》』は、それを魚の腸の形をかたどった象形文字としている。

「乙」は見ての通り字形が単純で、また文章に使われた実際の用例も、甲・乙・丙・丁……

という「十干《じっかん》」の一つとして年月日を記録する表現か、あるいは「帝乙《いっ》」や「祖乙」という王の名前（甲骨文字には実際にそのような王名が見える）だけだから、そこからこの字本来の意味を分析することが非常に難しい。この字本来の意味の解釈が多岐にわたるのは、以上のような理由による。

現在の日本語では「乙」という文字を「甲乙つけがたい」とか「乙な味」（これは日本だけで使われる意味、いわゆる「国訓《こっくん》」である）という表現くらいにしか使わないが、しかしこれを部首字とする《乙》部には、「九」や「乱」（亂）、「乳」（《乚》は「乙」が変化した形で、「つりばり」と呼ばれる）、あるいは「乾」など、いまの日本でもよく使われる重要な漢字が収められている。

少しわかりにくいが、「也」もまたこの《乙》部に所属する漢字である。「也」は漢文では文末に使われる断定の語気を示す助字で、領収書に「金一万円也」などと書くのは、その延長上にある用法である。いまではむしろ「辰也」とか「欣也」「雅也」というように名前に使われる漢字というイメージが強いが、しかし「也」はもともと非常に「特殊な」意味を表す文字だった。

「也」は女性性器を意味する、そのものズバリの漢字だったのである。

『説文解字』には、「也は女陰《じょいん》なり、象形」と記されている。つまり伝統的な漢字研究での古典的名著が、「也」を女性性器の象形文字だと解釈しているのである。『説文解字』は「文字の国」中国で、漢字研究に関してもっとも権威のある古典だった。その聖典の中に、「君子が口にすべからざる」モノが堂々と登場していることが、歴代の儒者にははなはだ不愉快だったようだ。だから、この解釈はでたらめだとか、あるいはこの部分は後世の浅薄な人間が書き加えた注記が混入したのだとか、この字の解釈について『説文解字』はいろいろと酷評される。

しかし『説文解字』の注釈者としてもっとも信頼されている清《しん》の段玉裁《だんぎょくさい》は、「この説には必ず拠《よ》り所があり、むやみに疑うのは無学の者である」とコメントをつけている。

仏教説話集『日本霊異記《にほんりょういき》』の下巻第十八に、「法花経《ほけきょう》を写し奉る経師《きょうじ》、邪淫《じゃいん》を為して、現《たちどころ》に悪死の報を得る縁《えにし》」という話がある。

ある写経職人が依頼を受けて、寺で『法華経《ほけきょう》』を筆写していた。その寺に参詣《さんけい》にきた女性たちは、供養として写経師の硯《すずり》に水を寄進していたのだが、あるとき急に大雨となった。たまたま参詣にきていた女性がお堂で雨やどりをしていると、なにぶんにも狭いお堂のこと、よからぬ気もちをおこした写経師が突如「嬢《おみな》の背に踞《うずくま》り」、けしからぬふるまいに及ぶ。

しかし経師が目的を達したところで、二人は手をつないだまま息たえた。まことに仏罰とは恐ろしいものであるが、この「けしからぬふるまい」に関する具体的な描写を、『霊異記』は「閛《まら》の閪《つび》に入るに随《したが》ひて、手を携へて倶《とも》に死ぬ」と記している。

　ここに「閛」と「閪」という漢字が見えるが、それぞれ文脈から明らかなように、男女の性器を意味する文字である。この二字は日本人が作った和製漢字、いわゆる「国字」で、この『霊異記』以外の日本の文献にも用例が検出される。

　さてこれはいったいどういう構造の漢字だろうか。

　男のモノを意味する「閛」は中国の字書にも登場する漢字だが、中国では「閉」の異体字とされているから、男性性器とは関係がない。《門》の中に《牛》を入れるのは、表現するべきものが牛のツノと似ていることからの連想と思われるが、どうもいまひとつよくわからない。しかしもうひとつの「閪」は、明快な構造分析が可能である。

「閪」は見ての通り《門》と《也》との組みあわせでできている。《門》がまえの文字になっているのは、古代の漢語で女性性器を意味するもっとも「雅《みや》び」な表現が「玉門《ぎょくもん》」だったからだろう。そしてその中に《也》という字を入れたのは、その漢字を作った人物が『説文解字』での「也」の解釈を知っていたからにちがいない。

　昔の日本人はほんとうによく漢字を知っていたのである。

【冫】2画 にすい

《氵》を日本語で「さんずい」と呼ぶことは、小学生以上の日本人ならおそらくほとんどの人が知っている。また《冫》を「にすい」と呼ぶことも、同じくらいたくさんの人が知っている。しかし、それでは「さんずい」と「にすい」はどうちがうのかということになると、世間ではほとんど知られていないだろう。そもそもそんなことを考えるのは漢字学者にまかせておけばいいのであり、その二つがどうちがっていようが、そんなことは日常生活になんの関係もない、というのが一般的な見解だろう。

結論からいうと、《冫》は水が凍ったときに表面にできる、ひきつったような形をかたどった象形文字であり、《氵》は本来「水」と書かれる省略形で、水が流れるさまをかたどった象形文字である。だから《冫》部には「冷」や「凍」など「こおり」に関する文字、あるいはそこから派生してできた「澄みきった」とか「極限」という意味に関する文字が収められる。「冴」や「冽」「凄」などがその例で、「冶金《やきん》」というときに使われる「冶」も、本来は氷がとけることを意味し、そこから金属が融解することをいうようになった。また「寒」(寒)はいまでは《宀》部九画に収められる漢字だが、その下部にも「氷」を表す《冫》がついている。

もう一方の《氵》つまり《水》部は有名な部首だ。そこにはよく知られている通り、一般的に水に関することや、河川の名前や状態を表す漢字が収められている。こちらのほうはわざわざ例字をあげるまでもないだろう。

《冫》は氷に関係する部首だから、「氷」という漢字も、本来は《冫》部に属していた。私たちは「氷」と書くから、その字はいま《水》部に収められているが、しかしそれは実は本来「冰」と書かれた字の俗字なのである。「冰」は《冫》と《水》を組みあわせた会意(二つまたは二つ以上の漢字を組みあわせ、それぞれの意味を総合化して新しい事物や概念を表す漢字を作ること。《人》と《言》をあわせて「信」とするなど)の文字で、その《冫》が省略され、場所がすこし移動した結果、「氷」という字形ができたわけだ。

氷は夏の風物詩である。

亡くなったわが父は兵庫県尼崎《あまがさき》市の生まれで、中学生のころには野球部に入っていた。

いまからは考えられない話なのだが、父が育った地域では、戦前までは夏の大会（当時はもちろん中学野球である）の予選でも甲子園球場を使っていたのだそうだ。投手だった父は、「甲子園のマウンドに立ったことがある」というのが、生涯数少ない自慢の一つだった。

そんな父だったから、兄と私は子供のころに、甲子園で開催される高校野球の試合を見に連れていってもらったことが何度かあった。

春の選抜はまだいいのだが、強烈な日差しが照りつける夏の大会では、屋根のないアルプススタンドなどまさに炎熱地獄だった。いまの私ならさっそく大量にビールを買いこむところだが、なにせ子供である。冷たいジュースを売りにはくるのだが、それを買っても、子供は一瞬にして飲みほしてしまう。だから父は、暑い暑いと騒ぐ子供によく甲子園名物「カチワリ氷」を買ってくれた。ご存じない方のためにいえば、それはビニール袋に氷のかたまりが何個か入っているだけの、なんの変哲もないシロモノなのだが、袋を頭に載せて冷やすのにも使えるし、中でできる冷たい「こおり水」を飲むこともできる、大変便利なものだった。あれはいまでも売っているのだろうか、とテレビで高校野球を見ているとよく思いだす。

私たちが子供のころは、アイスクリームもいまのような高品質のものがなく、味ももっと粗悪だったから、子供が真夏にもっとも喜んで食べたものは、かき氷だった。

東京のかき氷は盛りあげられた氷の中央部にシロップが入っていたそうだが、大阪の「氷まんじゅう」（かき氷をかつて大阪ではそう呼んだ）は、「イチゴ」や「メロン」あるいは「みぞれ」という、それらしき名前のついたシロップを、氷の山のてっぺんからたっぷりとかけまわしたものだった。いまから思えばかなり毒々しい色をしていたが、それがまた子供にはたまらない魅力だった。

そのかき氷とて、真夏でも簡単に氷が作られるようになった近代の産物であって、もっと昔では、夏に氷を食べるなどまず考えられなかった。

しかしずっと昔の中国では、真夏に皇帝が氷を群臣に分けあたえるという、驚くべき儀式があった。

種明かしは簡単で、冬の間に小川のほとりなどにできた氷を、山奥の洞窟《どうくつ》などに作った氷室《ひむろ》に貯蔵するのである。こうしておけば、夏まで氷を保存できる。皇帝は夏にそれを取り寄せて家臣に配っただけなのだが、この行為を通じて、皇帝は自分が宇宙の時間を支配しているということを家臣たちに見せつけた。酷暑の時節に氷が配られるのを見た家来たちは、皇帝の絶大なる能力に心酔したはずである。

権力者とは昔から、ごくささいなトリックによって、偉大な能力をもつと見せかけるものなのだった。

【十】 2画 じゅう

「針」という字の右半分がなぜ《十》になっているか、そのわけをたちどころに答えられる人は、かなりの漢字通だといえるだろう。あるときの講義でその問題を学生に問いかけたら、昔の針は十本ワンセットで売られていたからではないですか？　と答えた者がいた。なるほどよく考えたものだが、残念ながら正解ではない。

いまの針は金属製がほとんどだが、非常に早い時代では動物の骨を削って針を作っていた。だから《金》ヘンがついている「針」は、針が金属で作られるようになってから作られた漢字なのだが、ヘンのほうはともかくとして、ツクリが《十》になっているのはいったいなぜだろうか？　それは、「十」という漢字が、もともと針の象形文字だったからである。

「一」「二」「三」という数字の成り立ちはきわめて簡単で、横線をそれぞれの数だけ並べた形でその数を表している。現在見ることができる最古の漢字の字形を示す甲骨文字や金文では、「4」という数字も横線を四本並べた形で表されている。だが「5」より上の数字については、それほど単純でなく、もともと別の意味を表していた漢字を、同じ発音だからという理由で借りて、それを「当て字」として使って数を表した。このように意味はことなるけれども発音が同じ漢字を借りて、それを当て字として使う方法を文字学では「仮借《かしゃ》」と呼ぶ。

甲骨文字の字形を見ると、「十」がもともと針の象形文字であったことがよくわかる。そしてモノを突き刺す「はり」と、「十」という数字がその時代のことばでは同じ発音で表されたので、それで「はり」を表す漢字を借りて、数字の「十」の意味を表すようになった。ところがやがて、「十」という字がもっぱら数字の意味で使われるようになったので、本来のハリの意味を表すために、《十》に《金》を加えた「針」が作られた。「ハリ」の意味のほうは、いわば「庇《ひさし》を貸して母屋を取られた」というわけだ。

さて「十」を部首字とする《十》部には、いまの日本人がよく使う重要な漢字がたくさん入っていて、常用漢字だけでも、「十」のほか「千」「午」「半」「協」「卓」「南」「卑」「卒」「博」が収められている。しかし以上の漢字の中に含まれている《十》の形は、「協」と「博」が《十》で「多数」という意味を表している以外は、いずれも内部に《十》という形を含んでいるだけで、数字としての《十》を構成要素としているわけではない。たとえば

「半」は《八》（わける）と《牛》（ウシ）からできていて、大きなウシを二つにわけることから「半分」の意味を表し、「卒」は特定の印をつけた衣服を着ている兵士の象形文字である。もちろんこの部には、「廿」（＝二十）や「卅」（＝三十）のように、数字《十》の意味を含んでいる漢字がないわけではない。しかしそれはむしろ少数であって、《十》部に属する漢字の大多数は、数字の意味にはほとんど関係していない。つまり《十》部は、漢字をこまくわけた結果得られる構成要素（最近のパソコンソフトなどでは、それを「部品」と呼んでいる）の一つとして、字形を整理するために設けられた部首なのである。

この《十》部の中に、「卍」がある。

「卍」はれっきとした漢字である。「卍」は地図で寺院やその類似施設を表す記号として使われているから、それを⛩とか♨などと同じく、記号の一種と考えている人が多いにちがいない。事実「卍」が地図で寺院などを表すのは、最初インドで仏教に関係することを表す記号として作られたからなのだが、しかしその後仏教が中国に浸透するにつれて、中国では「卍」を文字として使うようになった。

仏教経典に使われる特殊な漢字をたくさん収録していることで知られる『龍龕手鏡《りゅうがんしゅきょう》』（遼《りょう》の釈行均《しゃくこうきん》撰、九九七年）という字典があり、そこに「卍の音は万《マン》、是れ如来《にょらい》の身に吉祥文《きつしょうもん》有るなり」という記述がある。ここでその発音が指定されていることが、漢字として使われたことを示すなによりの証拠である。

卍の字音が「万」とされるのは、もともとこの記号が表していた「吉祥万徳」に含まれる「万」に由来するもので、だから日本ではこの字を「まんじ」と読むのである。ちなみに現代中国語でも、この字を「万」と同じようにワン（wàn）と発音する。

さてこの「卍」の画数はいったいいくらになるだろう？　どうか実際に書いて、計算していただきたい。おそらくほとんどの人は、これを五画と計算するのではないだろうか。私だって実際に「卍」を書くときの運筆で計算すると五画になる。しかし漢和辞典の総画索引は、これを六画のところに収めている。理由は、「卍」が所属する部は《十》部であり、部首別索引では「卍」は《十》部四画の漢字とされるからだ。

「卍」から《十》を取り去ると四本の短い線が残る。これを書くにはもちろん四画必要である。ところで《十》は二画の部首だから、二＋四で結果として六画になる、というわけだ。なんだかマジックのような計算方法である。だまされたような気がされるだろうが、そこに部首索引と総画索引の矛盾がある。

【口】 3画 くち くちへん

漢和辞典の見返しにある部首一覧で、三画のはじめに「口」と「囗」という、どちらも正方形に見える文字があって、最初の「口」を「くちへん」、次の「囗」を「くにがまえ」と呼ぶ。

くちへんの「口」は人や動物の「クチ」をかたどったわかりやすい象形文字だが、すぐ次にあるくにがまえの「囗」よりも、一まわり小さく書かなければならない。見かけ上の両者のちがいは単に四角の大きさだけだから、「口」はさしずめ「おちょぼ口」、「囗」は大きく開けられたクチ、ということにでもなるだろうか（というのはむろん冗談で、《口》は人間や動物のクチの象形、《囗》は古代の集落を取り囲んでいた城壁の象形で、まわりを取り囲んだ線によって、「かこむ・めぐる」という意味を表す）。

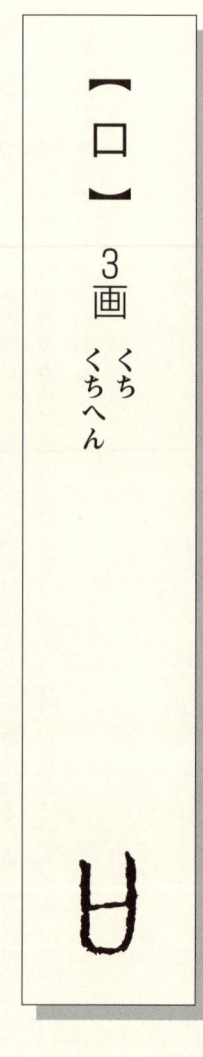

人間にはクチが一つしかないから、口の数と人の数はかならず同じになる。そこから「人口」とか「口分田《くぶんでん》」（一人一人に分けあたえられた田畑）ということばができた。「人口」は国や地域など一定の閉じられた組織を構成する人間の数のことだが、このように組織や集団に属する人間の数をクチで数える例はかなり古くからあって、『孟子《もうし》』（梁恵王篇上）に「八口の家も飢えること無し」とある。八人所帯でも食べるものに困らない、という意味だが、大家族制度の古代では八人家族など当たり前だったし、八人ではむしろ少なかったといえるかもしれない。

最古の文字学書『説文解字』でも《口》は部首字とされていて、その意味について「口は、人の言い食らう所以《ゆえん》なり」とある。

人と動物とをとわず、身体器官としてのクチは、食物を摂取することと、音声や言語を発すること、という二つの重要な機能をもっている。だから「呑」（のむ）や「味」（あじ）、「啖」（くらう）、「齧」（かじる）など、飲食に関する漢字がこの部に収められているのだが、しかし飲食を表す《口》をともなった漢字の数はそれほど多くなく、「咳」（せき）や「啼」（動物がなく）、「吹」（息をふく）、「嗤」（あざわらう）など、もう一つの機能である言語や呼吸に関する意味を表す要素として《口》を含んでいる漢字のほうがはるかに多い。

《口》から音声を発するという意味では、「鳴」など非常にわかりやすい例である。「鳴」は

《口》と《鳥》を組みあわせた会意字で、そこから鳥がなくことを表すが、この字は『説文解字』では《口》部でなく《鳥》部に収録されている。だからなのだろう、清の康熙帝《こうきてい》の勅命を受けて編纂《へんさん》され、一七一六年に完成した『康熙字典《こうきじてん》』でも「鳴」は《鳥》部に入っている。おそらく「鳴」の場合は構成要素である《口》と《鳥》の重みを考えて、《鳥》のほうにより大きな中心がある、と判断されたのだろう。ちなみにこのような会意字には部首の帰属が難しいものがあり、「問」もまたそれと同様の例である。

「問」は《口》と《門》からなる会意字で、神をまつった社《やしろ》の門前で、神に対してなにかを口で問いかけることから、「とう・たずねる」という意味を表す。したがってこの字を《門》部に収めても別に問題はないはずだが、一般の漢和辞典では《口》部に入れられている。なお「問」という漢字の成り立ちについて、意味を表す《口》と発音を表す《門》からなる形声字（詳しくは五二～五三ページ参照）と考える説もあり、それなら当然《口》部に収められることとなる。

さて、人の口がもつ飲食と言語では、どちらの機能のほうがより重要だろうか。

人は何日間も口をきかなかったとしても、別に命にかかわる事態が生じるわけではない。どんなにおしゃべりな人でも、だまっていることが原因で死んでしまうことなどありえない。しかし何日間も飲食を絶つとしだいに衰弱し、やがて死んでしまう。私などたとえ一日でも食べなければ、死んでしまいそうな気がするほどだ。だから人間にとってもっとも重要な口の機能は、まず飲み食いに関することであって、言語機能はその次ということになる。この関係は、漢和辞典における《口》部での二つの機能が字数としてもつ「勢力分布」とちょうど逆になっているのが面白い。

どうせなにかを食べるのなら、せいぜいおいしいものを食べたいとだれだって思うにちがいない。美食にこだわるのは人の常で、ましてや古代から食文化が隆盛をきわめた中国のことだ。隠者や仙人にだって、グルメがいたにちがいない。

かつて世俗を避けて山中に暮らし、仙人になることを目標とした隠者たちが愛読した『老子《ろうし》』（第十二章）の中にも、食べることに関する注意がちゃんと述べられていて、「五味《ごみ》は人の口をして爽《たが》わしむ」とある。「五味」は酸（すっぱい）・鹹（しおからい）・甜（あまい）・辛（からい）・苦（にがい）の味を指し、これらの味覚が人の感覚をそこなうと老子はいう。しかし、世を捨てた隠者だって、ものを食べないわけにはいかないから、味覚と無縁ではありえない。よしんばカスミを食っていたとしても、きっとおいしいカスミを求めていたにちがいない。

【女】3画

おんな
おんなへん

「男」が部首になっていないのに、「女」が部首になっているのは、漢和辞典における男女差別である、といきまいている知人がいる。その人は編集プロダクションの社員で、辞書作りのプロだから、漢和辞典を使う機会が日常的にある。そして漢和辞典の部首別索引を使うごとに、この男女間の「差別」をいまいましく思い、独自に辞典の編集をまかされるチャンスがあれば、絶対に《男》部を作ってやる、との計画を立てている。

ちなみに最古の文字学書『説文解字』には《男》部があって、そこに「舅」と「甥」の二字が収められていたのだが、のちの字書では部ごと淘汰《とうた》されてしまった。まあ漢和辞典に《男》部があろうがなかろうが、別に社会に迷惑がかかることでもないし、自分の責任でやるのだったらお好きなように、としかいいようがない話である。

いわずもがなの話だが、《女》部には女性の性質や感情、あるいはその行動や状態を表す漢字が収められ、それ以外にも婚姻や恋愛、血統、姻戚《いんせき》、さらには男女の情事に関するものまで、幅広い漢字が収められる。手元にある総収録字数が一万字前後のコンパクトな漢和辞典でも、そこには「好」「妊」「姉」「婆」「嫁」「嫌」など三十一字の常用漢字を含めて、優に百を越える漢字が収録されている。

部首字の《女》は甲骨文字では「」と書かれ手を胸の前に組みあわせ、ひざまずいた人間の形をかたどった象形文字である。文字全体がなよやかな曲線で描かれているのは、女性の身体のしなやかさを強調しているのだろう。そしてまさにそこから「おんな」という意味を表そうとするのだが、しかし女性がひざまずいていることに、女性が男性に隷属させられていた時代の、「男尊女卑」的思想が反映されていることはまちがいない。女は男の前でひざまずき、いわれるままに行動することが要求された時代に作られた漢字であり、「女」の背景には、女が男より一段低い地位をあたえられていた事実が存在することは否めない。

古代中国で女が男より低い地位しかあたえられていなかったことは、《女》部に所属するほかの漢字の作り方からも見てとれる。そのもっとも端的な例として、ここでは《女》を三つ組みあわせた「姦」を考えてみたい。

たとえば《木》という漢字を三つ組みあわせれば「森」になり、《日》を三つ組みあわせると「晶」になる。「車」を三つ組みあわせれば、たくさんの車が行きかって、車輪がゴロゴロと音を立てることをいう「轟」になる。日本では「ひしめく」と訓じる「犇」は、中国では「奔」の異体字として使われるが、それはたくさんの牛が驚き走ることから作られた漢字である。《人》を三つ組みあわせれば「众」という字になるが、それは甲骨文字での「衆」であり、その形が現代中国では「衆」の簡体字として使われている。

そのように、漢字には同じ形を三つ組みあわせて作られたものがあるのだが、その場合、「A」という漢字を三つ組みあわせた「トリプルA」は、「A」がもっている意味の延長線上で、「A」の意味をさらに強調した意味を表すのがふつうである。「森」は「木」がたくさんあるところだし、「晶」の場合も、「星」の省略形である《日》を三つ組みあわせることで、多くの星がかがやくさまから「きらめく」「あかるい」という意味を表す。「衆」はもちろんたくさんの「人」だし、「轟」も「犇」もすべて同様である。

しかし《女》を三つ組みあわせた「姦」は、「数多くの女性」という意味を表しているのではない。「姦淫」とは「みだら」とか「正当でない男女関係」という意味だし、「強姦」は「よこしまな暴力で女性を犯す」ことである。このように「女」を三つ組みあわせた「姦」には、倫理的にマイナスの評価が加わった意味があたえられる。そこにも、古代中国において女性が男性より一段も二段も低い価値しかあたえられていなかった思考の構造がある。

なおこの「姦」を日本語で「かしましい」と訓じるのは、日本だけの使い方、いわゆる「国訓」である。それはおそらく、女性が三人も集まればわいわいとにぎやかである、ということから生じた意味であろうが、しかし男だって三人集まれば負けないくらいに「かしましい」。それは別に日本だけに限ったことではなく、中国だってアメリカだって、人間が三人集まればわいわいと「かしましい」のは同じことである。

ついでに紹介しておくと、《女》を二つ左右に並べた「奻」という字がある。めったに使われない漢字だが、これは『説文解字』によれば「がやがやとやかましく言い争う」という意味であるとされる。いっぽうこれとまったく同じ作り方をしている文字に《男》を横に二つ並べた「嬲」という漢字もあるのだが、こちらは単に「双子」という意味を表しているだけで、「奻」に見られる人間としての性格や資質にかかわる意味はまったく含まれていない。男女それぞれの文字を横に二つ並べた漢字にも、表す意味に男女差別があるようだ。

漢和辞典で「女」が部首字とされるのに《男》部がないということには、もしかしたら、差別される対象として《女》部が設けられた、という背景があったのかもしれない。

わが知人が将来作るという独自の辞書には、「あばれる」とか「横暴」というようなマイナスイメージをともなう文字を、《男》部の中にたくさん収録してもらいたいものだ。それでこそ男女同権というものである。

【宀】3画　うかんむり

《宀》部は漢和辞典の中では多くの漢字を収める、いわばメジャーな部の一つである。

《宀》を「うかんむり」と呼ぶことは小学校の国語の授業でかならず習うが、その名称がカタカナの「ウ」に似た形からきているということは、同じくカタカナの「ワ」に似たことから「わかんむり」と呼ばれる《冖》とともに、多くの人にとって常識であるといってよいだろう。しかしその「ウ」が「宇」という漢字からできたカタカナであるということになれば、万人みなが知っている知識というわけでもないかもしれない。

《宀》は家の屋根の形をかたどった象形文字で、家屋や建物、あるいは家の種類や状態など、住居全般に関連する広い意味を表す部首である。住居は洋の東西を問わず、いつの時代でも人間の暮らしのもっとも根幹にかかわる基本的な部分である。人の暮らしが快適で幸福であるかどうかは住居のあり方によって大いに左右されるから、この部には生活にかかわる数多くの重要な漢字が収められていて、「安」「客」「宿」など常用漢字が三十五字も含まれている。

人の生活にかかわる重要な漢字の代表は、なんといっても「家」である。

あるとき、子供が買ってきた本をなにげなく読んでいたら、「家」という字は《宀》と《豕》でできていて、《宀》は屋根、《豕》はブタのことだから、それを組みあわせた「家」はもともとブタを飼うための小屋だった、と書かれていた。わが国ではありがたいことに言論の自由が保証されているので、どんなウソを書いても別段とがめられることもないのだが、それにしてももう少し調べてから書いてほしいものだ。こんなとんでもないデタラメが書かれた本を子供が読んでいたのかと思うと、ちょっとぞっとしたものだった。

「家」という字は非常に早い時代から文章の中に登場し、とくに古代中国で使われた青銅器に記録された銘文では、「家」が住居のうちでももっとも神聖な場所を意味する漢字として頻繁に使われている。そこでは王や貴族が先祖の位牌《いはい》を鄭重《ていちょう》にまつり、それに犠牲の動物や酒を供えて、敬虔《けいけん》な祈りがささげられた。そんな大切なところが、ブタ小屋などであるはずがない。

それなら、なぜ「家」という字は《宀》（屋根）の下に《豕》（ブタ）がいるのか。この場合の《豕》は祭りで神に供えられる犠牲動物としてのブタであり、そんな犠牲を供えて祭りをとりおこなう、先祖の位牌を安置してある場所が、ほかでもなく「家」であった。それが通常の居宅という意味になったのは、位牌を安置した廟《びょう》を中心にやがて家族が暮らすようになったからである。

この「家」とよく似た作り方をしているのが「宮」である。

「宮」は《宀》の下に《口》が二つ並んでいるが、《口》は祭りをとりおこなう部屋が並んでいるようすを上から見下ろした形を、平面的に描いたものである。「宮」ははじめから「宮殿」という意味だったのではなく、本来は祖先の位牌を安置した廟を意味していたのである。なお部屋を表す《口》が二つしか書かれていないが、それは別に当時の建物が二部屋しかなかったということではなく、とりあえず二つ描くことでたくさんの部屋を表しただけにすぎない。「林」に《木》が二本しかないわけではないのと、それはまったく同じことなのである。

「家」と「宮」を考えあわせると、《宀》がついた漢字は神聖な建物に関係するように考えられてしまうかもしれないが、《宀》はしかしそんな神聖な場所だけに限定される文字でもなかった。やはり金文の中に「寒」という字がある。これは《宀》の下に二つの《艸》と《二》がある形に描かれている。屋根の下に《艸》(=草、くさ)が二つあって、《二》は数字の2ではなく、一一ページに書いたように「氷」を表している。

つまり「寒」とは家の中に枯れ草やワラなどを積みあげて、氷が張るほどの冷気を防ぐことを表していて、そこから「さむい」という意味を示す仕組みになっている。古代の人々は枯れ草やワラを廃棄物とせず、ちゃんと上手に利用していたのである。近ごろはやりのいい方でいえば、「地球に優しい防寒方法」ということになるだろうか。

中学生のころ、月に一度くらいの割合で友人と近くの山へハイキングにでかけていた。だいたいは日帰り登山だったが、夏休みには一泊のキャンプに行くこともあって、出発前に必要な道具を買いに大きなスポーツ用品店まででかけた。

テントの中で寝るには寝袋が必要だが、それまで私はもっていなかった。それでこれを機会に一つ買おうといろいろな寝袋を物色していると、なんとその店では「二人用の寝袋」が売られていた。おりしも性的好奇心が強い年ごろだったから、ひっそりとした山中のテントでこれが使われている状況を妄想し、友人たちと大いににやにさがったものだった。ただし男二人が一つの寝袋にくるまっている光景は、やはりあまり想像したくないものだが。

カップルで冬山に行っても、二人でシュラフにくるまれば、防寒効果は絶大にちがいない。私も一度でいいから、《宀》の下に《男》と《女》を並べ、それで「さむい」と読んでみたいものである。

【尸】3画　しかばね

漢字の作り方をまねて日本人が作った和製漢字を、「国字」という。私の姓に使われている「辻」は、そんな国字の一つである。国字は日本でできた漢字だから、中国語での読み方がない。しかし中国では山田さんがシャンティエン（Shāntián）と呼ばれ、小泉さんがシャオチュエン（Xiǎoquán）と呼ばれるように、日本人の名前が中国語の発音で読まれる。だから私は中国で自己紹介するときに、「辻」という字について説明しなければいけないので、ほかの人よりもたくさんの時間がかかる。ちなみにそんなときはしかたなく、ツクリの位置にある《十》の中国語音「shí」を使うしかない。ほかにも「榊原」さんや「畠山」さんなども同じ苦労をさせられ、それぞれの国字を《神》（shén）とか《田》（tián）と発音せざるをえない。

「辻」や「畠」などのように人名に使われる漢字のほかにも、日常的な文章の中で使われる「畑」や「峠」、「俤」（おもかげ）、「毟」（むしる）、「鰯」（いわし）なども国字である。そのことは世間でもある程度は知られているが、しかし中国から伝わってきた漢字に、日本人が独自の意味をあたえた「国訓《こっくん》」はあまり知られていないようだ。

国字は中国の文献には原則的に登場しないが、国訓は中国で使われる漢字に関して日本人があたえた意味だから、文字そのものは中国の文献にもよく出てくる。そしてこれについては、中国古典文学を専攻している大学院生でも、うっかりまちがってしまうことがある。

たとえば「太」を「ふとい」「ふとる」という意味で使うのは日本独自の用法で、中国にはその使い方がない。だから「太」を「ふとい」と読むのは国訓である。中国では「太」という漢字を、もっぱら「はなはだ・とても」という意味で使うのだが、ただ「太」はあまりにも常用される漢字であるから、中国語として使われている「太」を、ついつい「ふとい」と訳してしまうことがある。なにを隠そう、私が大学院にいたときの経験である。

同じようによくまちがわれるのが「届」という漢字で、中国ではこの字を「とどける」という意味では使わない。ちなみに「届」の音読みはカイである。中国の古い文章ではこの字を「（時期が）やってくる」とか「（期限に）いたる」という意味で使い、また現代中国語では「第一届全体会議」というように、会議などの回数を数える文字として使われる。

「届」（正しくは「屆」と書く）は《尸》部に入っている漢字だが、《尸》は人体の部位、またはは死体を意味する部首であって、「届」の場合はなぜ《尸》がついているのかよくわからない。

《尸》は人間の死体が手足をのばしているさまをかたどった象形文字で、だから「死体」を意味する文字として使われる。後の「屍」という字がより明確にその意味を表しているのだが、しかし《尸》部に属する漢字がすべて死体に関係するというわけではなく、むしろ《尸》が生きている人間の体を表していることのほうが多い。

《尸》と《毛》を組みあわせた「尾」は生きている動物のシッポのことだし、その《尾》の省略形に音符（発音を示す要素）の《蜀》を加えた「屬」（「属」の旧字体）は、「くっつく・したがう」という意味を表した。「居」は人が腰掛けているさまに音符の《古》（コ→キョ）を加えた形声字で、もとは「しゃがむ」ことだった。それが「居住」の意味に使われるようになって、本来の「しゃがむ」という意味を表すために、「踞」という漢字が新たに作られた。

しかしまたこの部には、《尸》を下半身後部だけに限定した意味を表す要素として使った「尻」や「屁」「尿」「屎」「屄《つび》」（女性性器を意味する国字）など、妙に下ネタにかかわるものが多い。そんな一つに「屎」があり、これをいまの中国語では「大便」という意味に使う。日本語で「し尿処理」というときの「し」が実はこの漢字なのだが、ただ常用漢字に入っていないので、役所が刊行する「市政だより」などでは「まぜ書き」されることが多い。

「屎」は《尸》と《米》を組みあわせた会意字で、「尿」という字がこの「屎」と兄弟の関係にある。「尿」すなわちおしっこは、人体を表す《尸》から出る《水》である。だとすれば、「屎」は《尸》から出る《米》となるはずだが、しかしそんなところから穀物のコメが出てきたら、だれだってびっくりするにちがいない。

この《米》は穀物のコメではなく、実は「小粒のもの」という意味を表している。つまり「屎」とは体から出る粒状のもの、という意味なのだ。大便を表す漢字である「屎」に《米》という要素が使われているといっても（そういえば「糞」にも）、それは別に中国や日本でコメが主食だったからだというわけではない。

【山】3画 やまへん

これまで人類が使ってきた文字は、すでに死滅したものを含めれば約四百種類あると考えられるが、その起源はほとんどの場合、単純な線で描かれた絵画だった。人々はサカナの絵を描いてサカナを表す文字とし、水がさらさらと流れるさまを描いて、それを川を表す文字とした。だから世界のどこであっても、文字の萌芽《ほうが》期に作られた象形文字では、太陽や魚や鳥を表した文字が非常によく似た形になった。

地面をのそのそと歩きまわるカメを、古代の中国人は「」という形（甲骨文字の亀）で表したが、古代のエジプト人であろうが、現在のロシア人であろうが、カメを見たことがある人ならだれでも、それがカメを表す文字であると理解できたにちがいない。

しかし絵画はそのままでは文字にはなりえない。絵画に描かれる事物は、原則的にこの世にただ一つしか存在しない。川を泳ぐコイを描いた写実的な絵画は、水族館や料亭の水槽で泳いでいるタイや、マーケットに売られているヒラメを描いたものではないし、静物画に描かれた籠《かご》盛りのリンゴは、画家の目の前に置かれている、あるいは画家の脳裏に思い浮かべられているリンゴであって、果物屋やスーパーの棚に並んでいるリンゴでも、果樹園でたわわに実っているリンゴでもない。

絵画とちがって、文字では指し示す実体に対して普遍性が要求される。どこの国の文字であっても、サカナを表す文字はあらゆる魚類を指し示すことができなければならない。実際「魚」という漢字は、タイであろうが金魚であろうが、チョウチンアンコウであろうが、あらゆる魚類をその中に包括している。「鯨」は生物学上の分類では哺乳類《ほにゅうるい》のはずだが、しかし見た目の形から、《魚》ヘンをつけた文字で表される。

つまり文字とは、絵画として描かれるフォルムに普遍性をあたえたもの、と定義できるだろう。

ある人がこれから山登りにでかけるとする。その人が登ろうとする山は、富士山のようになだらかに、そして左右対称に広がった山かもしれないし、槍ヶ岳《やりがたけ》のように頂上がゴツゴツと尖《とが》った山かもしれない。標高三千メートルクラスの高い山かもしれないし、山よりは丘と呼んだほうがいいくらいの低いものかもしれない。大阪市港区にある天保山《てんぽうざん》は、天保二年

（一八三一）に近くの川を浚渫《しゅんせつ》したときに出た土砂を盛りあげて作った人工の山だが、その後ずっと地盤沈下が進み、いまでは海抜わずか四・五メートルしかない状態との由である。だがそれでも、国土地理院発行の地図には、ちゃんと二等三角点をもつ山として表示されているから、それは立派な「山」なのである。

その人が登ろうとする山を絵に描くならば、富士山と槍ヶ岳とでは描き方がちがって当然である。そうでなければ絵画にはならず、天保山ならほとんど平地と見まちがうばかりに描かれることだろう。しかしそれが山であるかぎり、地表から隆起している土塊であることにはちがいなく、そのことは山をかたどったフォルムで表現できる。そしてそこに普遍性をあたえられるがゆえに、描写はかならずしも写実的である必要はない。それで「」（金文の「山」）という形を見れば、だれでも山というものを思い浮かべることができる。この「山」が示しているのは特定の山ではなく、どの山でもかまわないし、山の峰がかならず三つあるとは限らないのである。事実「」のように峰が三つあって、それがシンメトリーになっている山など、実際にはほとんど存在しないだろう。

《山》部は収録字数が多い大きな部で、手元にあるコンパクトな漢和辞典ですら「岐」「岳」「岩」「峰」など約百八十字も収められている。いうまでもなくこの部に収められる漢字は、そのほとんどが山の名称や山の形状に関する意味を表す漢字である。

中国で漢字が生まれた地域は、海から遠く隔たり、地形がゴツゴツと起伏に富んだ、川あり山ありのところだった。だからこそ《山》によって意味をあたえられる漢字がこれだけたくさん作られたのだが、もし漢字が生まれた地域がアフリカの砂漠やモンゴルの草原あたりのように、平坦《へいたん》で起伏にとぼしい平原地帯だったら、「山」という字形ももっと幅広くなだらかに描かれたかもしれないし、《山》部に収められる漢字ももっともっと少なかったことだろう。

【工】 3画 たくみへん（こうへん）

工

漢和辞典は音訓索引を使って引くのが一番簡単だ。しかし漢和辞典を引くのは漢字の読み方を調べるためであることが多いので、そんなときには総画索引か部首索引を使わねばならない。ところがこれがなかなかやっかいな作業であり、だから漢和辞典はついついほこりをかぶったまま、本箱の片隅に放置される、ということになってしまう。

漢和辞典を部首索引を使って検索する方法は、小中学校の国語の授業でかならず教えられているはずだが、しかし現実にはなかなか実践する機会がない。それにそもそも、学校で教えられるのは、だいたいにおいて非常に簡単なケースである。たとえば「検」や「統」を漢和辞典の中から探しなさい、という程度なら、それらの漢字が所属する部首がいとも簡単にわかる。それが「江」や「草」となっても、漢和辞典の部首ではさんずいは四画の《水》を、くさかんむりは六画の《艸》の部を見なければならないということくらいはまず常識の範囲である。

しかしすべての漢字の部首がそんなに簡単にわかるのならだれも苦労はしないし、漢和辞典だってもっともっと活用されるにちがいない。

ある日のこと、外で夕食をすませてから帰宅すると、小学生の息子が居間のテーブルでめんどくさそうな顔をしながら、塾の宿題に取り組んでいた。学校の宿題のほかに塾からも課題が出る（そちらのほうが量だってはるかに多いし、問題も難しい）のだから、最近の子供はかわいそうなものだな、と思いながらのぞいてみると、漢字の部首や画数を扱った単元で、そこに「次の漢字が所属する部首の名称をこたえなさい」という問題があった。

そんな中に、いくつかの漢字に混じって、「巨」の所属部首が問われていた。ほう、最近の受験勉強ではずいぶん難しい問題を出すんだなぁと感心していると、息子は平素から愛用している小学生用の漢字字典をちょこちょこっと調べ、解答欄に「はこがまえ」と書いた。横で見ていた私は、とびあがらんばかりにびっくりした。

「巨」はいつから「はこがまえ」に属する漢字になったのだろう？

清の皇帝の命令で作られた『康熙字典』や、約五万字を収めるといわれる『大漢和辞典』（大修館書店）、あるいは中国から刊行されている『辞源』や『漢語大字典』など、伝統的な漢字文化の中枢に位置する辞典・字典のたぐいでは、「巨」を「はこがまえ」で引いてもおそらく絶対に出てこない。しかし日本の小学生が使う辞典では、「巨」が「はこがまえ」に分類されている。あらためてほかのいくつかの辞書を調べてみると、現在の日本で出版されている学習用の漢和辞典では、ほとんどが「巨」を「はこがまえ」に所属させていた。そんな時代になったのだな、と私も観念せざるをえなかった。

「巨」は本来《工》部二画に配置される漢字である。いまは「巨」と書かれるが、それは正しくは「巨」と、上下の横線を少し左へはみだして書かれるべき漢字だった。だからこそ「巨」が《工》部に属するのであって、《工》は「さしがね」(定規)の形をかたどった象形文字である。だからこそ「工」に「たくみ」とか「職人」という意味があるのであって、それを部首字とする《工》部には、「巧」「式」「差」など工作や職人、引いて「仕事」という意味に関する漢字が収録されているのだ。

「巨」はもともとその「工」(さしがね)の中心部を手で握っている形であり、本来は「定規を使う」という意味だった。その「巨」がやがて「大きい」という意味で使われるようになったので、あらためて「矩」(規則の意)という漢字が作られた。

「巨」は、《臼》部で取りあげる「与」(「與」の新字体、一〇四ページ参照)などと同じように、終戦直後の昭和二十一年(一九四六)に制定された「当用漢字表」で字形が変更された漢字の一つで、字形の変更に連動して、所属する部首まで変えられることとなった。

　学校で使う教科書はもちろんのこと、巷《ちまた》にあふれる書物や雑誌でも「巨」の正字である「⾂」や「與」などをめったに見かけないから、字形の変更とともに所属部首まで変わるのも、思えばしかたないことなのかもしれない。

　しかしそんな新しい考え方による部首配列で作られた辞書を引いて育った子供たちの中にも、やがて成長してから古代中国の文学や歴史、あるいは国文学や国史学、さらには仏教学など、広い意味での東洋学研究の道に進む者がきっとたくさんいるだろう。だがもしも東洋学の研究者を目指すのだったら、かつての伝統的な研究システムと漢字の配列方法に通暁しておかなければ、辞書や各種の索引すらまともに使えないということになる。辞書すらまともに引けなければ、研究がおぼつかないことなど、いうまでもない。

　彼らがそのときに『康熙字典』や『漢語大字典』などを引くのはきっと大変なことになるだろう。古典研究者の一人として、また後進を育成する立場にある者の一人として、私は心より彼らに同情の念を禁じえない。

【心】 4画 こころ りっしんべん したごころ

いうまでもないことだが、部首字としての《心》はほかの文字の要素として使われるとき、つまりヘンになるときには「忄」と書かれる。その形を、「心」が立っている形であることから「立心偏《りっしんべん》」と呼ぶ。また文字の下部に置かれるときには「心」か「⺗」と書かれる。「心」は通常通り「こころ」と呼ぶが、もうひとつの「⺗」は「心」と区別して、下に置かれる「心」であることから「したごころ」と呼ばれる。この名称をはじめて聞いたときには、ちょっと驚いたものだった。

《心》部に配属される漢字は人の情緒や感情、あるいは精神作用などに関係するものがほとんどで、《心》の形をもつものには「思」や「愛」「悲」「惑」などがあり、《忄》の形をもつものには「性」や「慎」「憎」「愉」などがある。人の感情や精神に関する意味を表すものだから、この部には日常生活でよく使われる重要な文字がたくさん収められている、しかし《小》の形をもつものは多くなく、常用漢字では「恭」と「慕」しかない。

「恭」といえば、こんな話がある。

高校の教師をしている家人からかなり前に聞いた話だが、家人が勤めていた高校の男子生徒が、同じクラスの「恭子」という女性についての話をメールに書いて、友人に送ろうと思った。ところが彼が使っている携帯電話はいささか古いタイプだったので、「きょうこ」と打っても「恭子」という名前に変換されなかった（ちなみにいまの機種なら、どれでもほぼ変換されるようだ）。

彼はそこで困りはてた。「きょうこ」が「恭子」に変換されないなら、「恭」と「子」を別々に入力するしか手がない。これが「慶子」だったらまず「けいおう」で「慶応」を出してから「応」を消し、それから「子」を打てばよい。しかし「恭」という字を出すために必要な、その漢字を使ったことばで、彼が思いつくのは「恭子」ただ一つだったのである。その「恭子」が出ないとなれば、もう万事休すである。そこでしかたなく彼はひらがなで「きょうこ」と書かざるをえなかった。ところがたまたま同じ文中に「京子」という女性も登場し、そちらは「京子」となんなく変換された。こうして「きょうこ」と「京子」が入りまじったメールは話が非常に複雑になり、受け取った側はさっぱりわけがわからなかった、というのである。

メールの発信者は勉強が大嫌いで、もともと国語の授業などまともに受ける気もまったくなかった人物だったそうだ。しかしそんな彼も、「恭」という字がどうにも気になって、自宅に帰ってから珍しく漢和辞典をひっぱりだして調べ（おそらくはじめて自発的に漢和辞典を引いた、記念すべき経験である）、そして「恭順」とか「恭敬」、あるいは「恭賀新年」ということばがあることを知った。こうして漢字を知る楽しさに目覚めた（？）彼は、その後はなんと漢字書き取りの検定試験に挑戦しはじめたという。

「恭」は「うやうやしい」という意味で、年賀状でおきまりの語句として使われる「恭賀新年」とは、「うやうやしく新年を祝う」ということである。しかしこの「恭」という漢字は、現在の中国語では「うやうやしい」という意味のほかに、なんと「大便」という意味ももっている。現代の中国語で「出恭」といえば「大便をする」こと、「恭桶」といえば、それはなんと便器の「おまる」のことなのである。

「うやうやしい」という意味の「恭」が、「大便」を意味する漢字として使われるのはまことに不思議だが、この意味の変化には実は「科挙」がからんでいる。

科挙とは過去の中国でおこなわれた「上級公務員採用試験」で、人類史上もっとも難しい試験とされる。科挙のシステムはかなりややこしく、本試験の受験資格を得るための予備試験からはじまる。それは学校の教室のような試験場で実施されるのだが、試験中は室外にでるのはもちろん、座席を離れることさえ許されない。ただし飲茶と用便のためだけには、一回に限って室外に出ることを許された。

受験場から出るときには、受験者は書きかけの答案用紙を係官に預け、「出恭入敬」（出る際にはうやうやしく、入る際には礼儀正しく）と書かれた木札を受け取って室外に出なければならなかった。しかし実際にはその手続きはかなり面倒で、時間も惜しいので、多くの受験生は試験場内に「不浄瓶」（しびん）をもちこみ、小用のときはそれを使った（科挙を受験できるのは男性だけである）。だから実際に「出恭入敬」の札をもって室外に出るのは、ほとんどの場合大便のためだった。それで「恭」が大便という意味をもつようになったというわけだ。

という話を講義でしたところ、あとで学生が教卓のところにやってきて、これまで漢字の勉強って面倒なばかりで興味をもてなかったけれど、時々は面白い話もあるのですね、と告げた。こんなときは教師冥利《みょうり》につきる思いがするものだが、それにしてもどうせならもう少し上品な話で学生を感心させたいものだ、とも思ったものだった。

【方】

4画

かたへん（ほうへん）

学校で書物と学生を相手に、毎年それほど変わりばえのしない仕事をしている者にはまったく実感がわかないのだが、バブルとやらがはじけて以来、世間では不景気がもうずいぶん長く続いているらしい。

すっかり慢性化した不景気に加え、さらに二〇〇一年九月にはアメリカの大都会で、ジェット機が二機も高層ビルに激突するという前代未聞の強烈なテロ事件がおきた。また中国を中心に猛威をふるった新型肺炎ＳＡＲＳ（重症急性呼吸器症候群）や、さらにはＢＳＥ（牛海綿状脳症、狂牛病）や鳥インフルエンザなど、これまで経験したこともない病気や食物不安の影響もあって、一時期はとりわけ旅行業界が大きなダメージをうけていた。

そんなころには、それまでずっと「民族の大移動」という表現まで使って形容されていた恒例の夏休みや冬休み、あるいは正月などの旅行シーズンでも、人気のある一部のホテルや温泉旅館、あるいはピーク時の飛行機や列車の切符を別にすれば、予約するのにそれほど苦労しないという状態が続いていた。

湾岸戦争、ボスニア・ヘルツェゴビナ、そしてアフガニスタンやイラクなどで次々と戦争や紛争がおこり、食肉に加工する動物が治療方法すら見つかっていない病気に次々に感染してゆくという事態が、これからも頻繁にあるのではないかという不安をかかえたこの時代に、旅行に関係する業界でメシを食っている人は、いつまた旅行客が激減するかと、さぞかし頭のいたいことだろう。

だがそれにもかかわらず、サクラや紅葉の季節の京都はあいかわらず大量の観光客でごったがえし、市民の足であるバスやタクシーが大渋滞に巻きこまれることも珍しくない。遅々として進まないタクシーに乗っていて、「観光シーズンってまったく迷惑な話ですなぁ」と運転手さんに同情すると、「とんでもない、観光客がどんどんきてくれんと京都のタクシーはあがったりですわ。こんな程度の渋滞くらい、どうということおまへん」との返事が返ってきた。

海外旅行だって、テロや動物の伝染病などどこ吹く風と、気軽に海外に出かけていく人が私のまわりには結構たくさんいる。かく申す私も、年に何回かの家族旅行のために、いろいろなパンフレットを取り寄せては、検討に余念がない。戦争が勃発《ぼっぱつ》していたり、海外渡航情報で警告されている地域は論外だけれど、一般の人々が通常の暮らしをしている地域であればまず安全に旅行できるし、衛生的でないナマものを食べるといった無茶さえしなければ、そんなに大胆なことだと思わない。

とかく現代人は旅に出たがるものだ。国の内外をとわず、旅先では土地の珍味や銘酒を味わえるし、珍しい風景にも出あえる。ひなびた地域では、都会人がとっくに忘れてしまったおだやかな人情に触れることもよくあるし、自分が育った風土からは考えもおよばない習慣や生活環境に接することもできる。旅先にはふだんの生活からは得られない新鮮な発見と感動があって、固くなりつつある頭をほぐすことができるし、日常に埋没している自分を外側から見直すこともできる。

しかしそれは現代の旅であり、昔の旅はまったくちがうものだった。旅とは必要に迫られておこなわれる、苦しみをともなった移動であり、決して楽しい娯楽ではなかった。

「旅」という字は、『康熙字典』の流れをくんだ現在の漢和辞典では四画の《方》部に収められているが、もっと前の字典では《㫃》という部に所属する文字だった。

《㫃》は一族の標識である旗を竿《さお》につけ、その先端に吹き流しをつけた形で、『説文解字』には「旌旗《せいき》（はた）の游《ふきながし》㫃蹇《えんけん》（ひらひら）たるさまなり」とある。長い竿の先端に取りつけられた吹き流しがひらひらと風に揺れるさまを表す字で、「旅」はそんな氏族の旗をもった人のうしろに何人かがつきしたがって、行進している形を示している。

このように旗を先頭に立てて行進するのは、どこかの部族と戦争するためであった。「旅」は遠征に出かける軍隊の編成単位を示す文字で、古い文献には「軍の五百人を旅《りょ》とす」とある。戦前の日本の軍隊で使われた「旅団」の「旅」が、まさにその意味なのである。《方》部にはほかにも「旗」（《㫃》と音符《其《キ》》からなり、「はた」の意）や「族」（《㫃》と《矢》からなり、旗の下に置かれた矢に結束を誓う人々の集団）、「旋」（《㫃》と《疋》すなわち「あし」からなり、旗をもって進むことから「めぐる」意味を表す）、「旌」（《㫃》と音符《生《セイ》》からなり、「はた」の意）などがその仲間である。

いかに旅行好きな人でも、戦争にむかう物騒な「旅」はまっぴらごめんだろう。いかめしい軍旗よりも、パック旅行で添乗員さんがもっている団体の旗についていくほうが楽しいことはまちがいないし、だれかと「一戦交え」なければならないのだったら、ぜひとも相手が素敵な異性であってほしい、とだれしも願うにちがいない。

平和な「旅」ができる時代に生まれてよかった、とつくづく思う。

【木】 4画

き
きへん

中国最古の文字学書『説文解字』は、合計九千三百あまりの漢字を五百四十からなる部にわけて収めている。この約九千字という数は、私たちが日ごろ使っているコンパクトな漢和辞典が約一万字前後を収めているのと、それほどちがわない。

昔の中国で使われた漢字は、いまの日本とはくらべものにならないほど多かった、と私たちはつい考えてしまいがちだ。中国にはひらがなもカタカナもなく、どんな文章でもすべて漢字で書かねばならないのだから、中国人が使う漢字は日本より格段に多いにちがいない、と考えるわけだが、しかしそれは誤解であって、中国でふつうに使われる漢字も、実際にはそれほど多くないのである。

たとえば、中国のみならず東洋の知識人にとって必読の書物とされた『論語』で使われている漢字は、たかだか千五百十二種類にすぎない。この数字は意外なことに、日本で漢字使用の目安として制定されている常用漢字の総数（千九百四十五）よりもまだ少ないのである。もちろん中国でも時代とともに使われる漢字は増加したが、しかし難しい漢字を頻繁に使い、数千首の詩を作った杜甫《とほ》ですら、トータルでは四千三百種類あまりの漢字しか使っていないのである。

昔の中国だって、実際にはそんなに大量の漢字を使っていたわけではない。だから『説文解字』が収める九千字あまりというのは、実はとても大きな数字なのだ。

さて『説文解字』は九千三百あまりの漢字を五百四十の部にわけているから、それを機械的に計算すると、一つの部に収められる字数は平均で十八字強になる。しかしそれはあくまでも平均値で、実際には四百六十五字を収める《水》部や、四百四十五字を収める《艸》部などがあるから、ほかの部の収録字数はそれだけ平均値より少なくなる。部首字だけしか収めていない部も、『説文解字』には《三》とか《凵》（口を開けるさま）、《才》（草木が芽生えるさま）など、合計三十六部もある。

このように、部に収録される字数に大きなばらつきがあるという現象は、『説文解字』のあともそのまま後の時代の字書に引き継がれた。それでいまの漢和辞典にも、わずか数文字しかない小さな部があり、それと対照的に数百字を収める大きな部もあるわけだ。

そんな大きな部、すなわち漢字字典での「部別収録字数」のベストスリーに確実に入るものに《木》部がある。手元にある小さな漢和辞典でも、「本」「机」「杉」「林」「柳」など実に七百字近くが収められている。その中には文字の意味や熟語の説明を載せず、ほかの部分を参照させるだけの「見だし項目」も含まれているが、それでも収録字数は膨大といって過言でない。

膨大な字数を擁する部首にはほかにも《水》部や《糸》部があるが、これらの大きな部に収められるたくさんの漢字を眺めていると、ある一つの事実に気づく。それは、ここに収められる漢字の九割以上が形声字であることだ。

小学校の国語の授業で使われる教科書には、どの出版社のものでもだいたい「ものの形からできた漢字」という名前の単元がある。そこで教えられる内容は、漢字には「日」とか「鳥」「田」「山」のような象形文字がたくさんあるということだ。むろんそのこと自体はまちがっていない。しかし漢字に含まれる象形文字を強調するあまり、漢字はほとんどすべてが象形文字だとの認識をともすればあたえてしまうのは、実に困ったことである。

「木」という漢字自体は、樹木が枝を張っているさまをかたどった象形文字である。だがサクラという樹木と、カシワという樹木を表す漢字をそれぞれ別に作れといわれたら、どうすればよいだろうか？　仮名やラテン文字（アルファベット）なら、「サクラ」とか「cherry」

ということ。――

というように表音文字をいくつか並べることで、その植物を意味する単語を表すことができる。しかし表意文字である漢字では、そうはいかない。といってサクラとカシワを相互に区別できるように描き取った象形文字を作るのは至難のわざである。そこで登場したのが、形声という方法である。

文字が作られるはるか前から、その樹木を表す単語は存在する。これは口から音声で発せられることばであり、仮に古代中国ではサクラをyīng、カシワをbǎiと呼んでいたとしよう（ここでは便宜的に、現代中国語でのサクラとカシワの発音を使う）。形声とはこの言語における音声を利用して文字を作る方法であり、樹木を表す《木》という要素に、《嬰》（yīngと読む）や《白》（bǎiと読む）という発音を示す要素を組みあわせ、「櫻」や「柏」という漢字を作れば、その文字を見た人は、木に関してyīngだからサクラだな、bǎiだからカシワだな、と理解できるはずである。こうして「櫻」と「柏」という漢字が作られた。

象形や会意という方法では文字化しにくい概念も、それと同音の文字を「音符」（発音を示す要素）として使うことで、いくらでも、そしてたやすく文字化できた。そんな字をたくさん収める《木》部や《水》・《糸》部などには、没個性的で均一化された家族が大量に暮らす大規模集合住宅、というイメージがただよっているようだ。

【止】 4画 とめる とめへん

私の中国語の授業に、かつて青い目の留学生が出ていた。ニュージーランドからきた学生で、なかなか流暢《りゅうちょう》な日本語を話すし、珍しいことに書道が趣味で、だからだろう、外国人にしては見事な漢字を書く。聞けば高校時代に交換留学で京都市内の高校に留学していたというから、日本滞在ももうずいぶん長い。いまは留学生同士で話すとき以外、英語を使うのをなるべく避けているといっていた。中国語の成績は大変優秀だったが、文章を日本語に訳すときにアクセントが京都弁になるのが、なんともいえずおかしかった。

その学生が、日本にやってきたばかりのときに驚いたという思い出を話してくれた。

あるとき、彼が所属していたクラスで委員を選ぶ選挙がおこなわれることになった。選挙そのものは彼の母国にもあるので珍しくもなんともなかったが、開票するときに、黒板に

「正」という漢字を書きながら票が集計されたのには思わず目をみはったという。日本人にとっては別段不思議でもない光景だが、その当たり前のことが、彼には非常に新鮮に感じられた。漢字を覚えるのはいつまでたっても面倒だ、とそれまでは思っていたのだが、漢字はこのように数字の計算にまでも使えるのだと感心し、それからは非常に興味をもって漢字の勉強に取り組むようになったとのことだった。

ちょうど五画になる「正」を使ってちょっとした数を集計するという方法は、いわれてみれば不思議な習慣である。全体で五画になる漢字は別に「正」だけではなく、総画索引で五画のところを見てみると、「丘」「丙」「代」「可」「右」「本」「白」などいっぱい出てくる。ここにあげたのはすべて常用漢字だが、表外字（常用漢字に入っていない漢字）まで含めれば、二百字くらいは簡単に探せるだろう。しかし私たちはクラス委員選挙の開票時に、同じ五画だからといっても「代」や「白」などを決して使わない。

「正」は《一》と《止》にわけられ、だから《止》部に入っているのだが、まっすぐな線の組みあわせだけでできていて、しかも縦横まっすぐに引かれる筆順と方向のバランスが実によくとれている。そしてなによりも「ただしい」という、まったく非のうちどころのない意味を表しているので、それで開票の集計に使われるようになったのだろう。

しかし甲骨文字や金文などの古代文字で見れば、「正」はもともと直線の組みあわせでできた漢字ではなかった。

　現在の「正」で《一》となっている部分は、古くは《■》または《□》という形になっており、《■》または《□》は壁で囲まれた集落を示している。古代中国で人が暮らす集落は、外敵などを防ぐために土を固くつきかためた壁で囲まれていて、それを丘や山の上から見るとちょうど四角形に見えたのである。

　その集落を示す要素の下に《止》がある。いまは「止」という漢字を「とまる・ストップする」という意味で使うのがふつうだが、この字は人の足跡が前後に二つ並んだ形をかたどった象形文字で、もとは「人間の足」の意味、さらにそこから派生して「進む」ことをいう文字であった。「止」を足の意味に使った例としては、甲骨に記される占いの中に王の「疾止」（足の病気）を占った文章があるし、前漢《ぜんかん》の歴史を記した『漢書《かんじょ》』の「刑法志」（刑罰に関する制度の記録）には、「左右の止《あし》を斬る」という足切りの刑罰が見える。だから《止》部には「歩」「歴」「武」など足を使っておこなわれる動作や、行進・進軍などに関係する文字が集められている。

　「正」は、そんな《止》と城壁で囲まれた集落を示す要素からできているが、それはもともと、集落に向かって人が進み、そこに攻撃をしかけることを意味する漢字だった。他者に対して戦争をしかけることをいう文字が、やがて「ただしい」という意味で使われるようになるのは、「勝てば官軍」で、いつの時代でも戦争に勝ったものが自らの正当性を主張するからにほかならない。

しかしごく近年にアジア某国の荒涼たる砂漠地帯で展開された戦争と、その戦後処理に関するニュース映像を見ていると、正義とはいったいなんだろうか、と思わず考えこんでしまう。人類の歴史は戦争の歴史であったともいえるが、しかしそれにしても、人間はいつまでたっても、歴史が内包する負の遺産からの学習が進まないようだ。勝者がつねに「正」であり続けることに対する疑問をもつことも、人はこのあたりで覚える必要があるだろう。

【火】 4画

ひ
れっか
れんが

日本だけに限らず、衣食住にかかわる基本的な生活様式が年々多様化し、どこの国でもとくに食生活が昔にくらべて格段にバラエティに富むようになり、それとともにいろいろな食材が、複雑なプロセスをへて生産者から消費者に供給されるようになってきている。とくに肉類は飼料や飼育方法が以前と大きくさまがわりしたからか、それに関してはまだいろいろと問題があるようだ。BSE（狂牛病）とか鳥インフルエンザが流行し、牛丼とかタマゴとか日常的な食べ物をめぐって、ずいぶんハラハラさせられたことはまだ私たちの記憶に新しい。

仏教が肉食を禁じたり、あるいはイスラム教が豚肉とその関連食品を食べることをいっさい禁止するなど、食生活における宗教的な戒律が発生するのは、人類の歴史全体から見ればごくごく新しい時代のことだ。原始時代からの気が遠くなるほどの長い時間、人間は狩りでしとめた動物の肉を主要な食糧としていた。そしてその時代の肉の食べ方は、単に「焼く」という方法だけだった。それは非常に単純な方法だが、しかし肉に火を通すというこの方法こそ、食生活上で人間と野獣をわかつ最大のちがいであった。

中国は料理に関して世界最高の文化をもつ国であるといっても過言ではないが、しかしその中国でも、古代の肉食で最初におこなわれたのは肉を直火《じかび》で焼いて食べる方法であり、そのことを漢字では「炙」と書いた。「炙」は《火》と《月》（にくづき）とからなり、まさに火の上に肉をかざした字形である。

肉を火であぶることをいう「炙」を使った成語で、日本でもよく知られたものに「人口に膾炙《かいしゃ》する」という表現がある。「膾」は生肉の刺身だから、「膾炙」とは肉の刺身と焼肉のことである。「膾」はまた「羹《あつもの》に懲りて膾《なます》を吹く」（羹は熱いポタージュスープ。一度失敗したのに懲りて、過度に用心しすぎることのたとえ）ということわざにも使われるから、肉の刺身はかつてよく食べられた料理だったのだろう。ちなみに朝鮮料理のメニューにある「ユッケ」という肉の刺身を漢字で書けば「肉膾」となる。

いまでも焼肉がそうであるように、「膾」や「炙」はおいしい料理の代表であって、いつの時代でも人々がよろこんで賞味するものである。そのことから、ある人物のすばらしい行動やすぐれた詩文などが多くの人からたたえられ、それが世間に幅広く知れわたることを、「人口に膾炙する」というようになった。

《火》という漢字は、火が赤々と燃えているさまをかたどった象形文字だから、《火》部に収められる漢字は、火が発する光や熱の性質と状態に関係する文字がほとんどで、収録文字数もまずまず多い。ただこの部首字《火》は、ほかの漢字の中に配置されるときに位置によって形が変わり、《火》がヘンとして左側にくるときには「焼」や「灯」(燈)のように《火》の形をとるが、文字全体の下部(「偏旁冠脚《へんぼうかんきゃく》」の「脚」、つまり「あし」と呼ばれる位置)にくるときにはふつう《灬》の形をとる。「熱」や「烈」の下にあるのがそれで、これを「れんが」と呼ぶのは、「連火」の日本語読みである。

しかし同じく「あし」に置かれる場合でも、れんがではなく、「炙」のように下に置かれながら《火》の形をとる場合もある。ただその数は少なく、よく使われる漢字としては「炙」のほかに「災」と「焚」(もやす)、「熨」(アイロンをあてる)くらいにすぎない。

ところで詩聖と呼ばれた杜甫の詩に「山青くして花 然《も》えなんと欲す」(「絶句二首」のうちの二)という句がある。それこそ古くから人口に膾炙している有名な句だが、その詩では「然」という字が「もえる」という意味で使われている。「然」は《火》と《犬》と《月》(=肉)とからなる会意字で、本来は犠牲として供えられた肉を焼くことを意味する字だった。だから先の杜甫の詩句は「然」という字を文字本来の意味で使った数少ない例の一つなのである。

しかし「然」はやがて「仮借」（当て字）の方法によって、「自然」とか「天然」などの熟語にあるような、「しかり」、英語ではsoという単語で表される意味で使われるのがふつうになった。そこで「然」がもともともっていた意味を表すために、「然」にさらに《火》をヘンとして加えた「燃」が作られた。だから「燃」には《火》を意味する要素が、左と下の二ヶ所に配置されている。まことにご丁寧なことである。

【父】 4画 ちち

どこの家にも、だいたい一冊くらいはなにかの辞典や事典があるだろう。高校生以上の学生がいる家なら英和辞典くらいはあるだろうし、学生がいなくても簡単な国語辞典はあるだろう。サラリーマンの家なら、昨今はやりの時事問題について解説したぶ厚い事典が、居間の本箱に一冊くらいは並んでいるのではないだろうか。あるいは本の形をとった辞書でなく、子供たちは最近大流行の電子辞書を活用している、という家もあるだろう。

しかしそれでは、それらの辞書がいったいどれくらい活用されているかということになると、情況は実にさまざまである。家族のだれかがほぼ毎日のように辞典や事典のページを繰っている家も中にはあるだろうが、その反対に、辞典があることすら忘れられ、長い間本箱の片隅でほこりをかぶったまま辞書が出番を待ち続けている、という家も少なくないことだろう。

日常生活で辞書が使われるもっとも端的なケースは、学生が外国語を勉強しているときである。外国語の文章を読んでいて、意味がわからない単語に出あったとき、人はまよわず辞書を引く。ところが日本語の文章を読んでいるときには、なかなかそうならない。まことに不思議なことだが、新聞や雑誌を読んでいて知らないことばに出あったとき、すぐに国語辞典を引いて調べる人はめったにいない。

一般の社会人はもちろん、学生でも英和辞典なら頻繁に引くのに、国語辞典はめったに引かない。つまるところ、母国語だからわざわざ辞典で調べなくても頭で考えればなんとかなると安易に考えているか、あるいは両親や学校の先生などの年長者、すなわち「自分より日本語をよく知っている人」に聞けば教えてもらえるにちがいない、という甘い認識があるからだろう。しかしその頼りの年長者だって、辞書を引かなければ、知らない語彙《ごい》がわかるはずはないのである。

そしてこれが漢和辞典となると、国語辞典よりさらに縁遠い、敬遠される存在となっている。国語辞典なら引くという人でも、漢和辞典はめったに引かない。世間にはどうも、「漢和辞典は引きにくい」という抜きがたい信念が定着しているようだ。だれだって小学校で漢和辞典の引き方を教わっているのだが、現実の生活で実践がともなわないものだから、それをきわめて面倒臭いものと感じてしまう。しかしこの漢字はどう読むのだろうとか、あるいはどういう意味なのだろうと、漢字についてなにか調べるときにはまよわず漢和辞典を使うべきだ。漢和辞典はたいていの問題を解決してくれる、力強い味方である。

問題は、この漢和辞典が慣れるまではなかなか使いにくいということにある。調べたい漢字の読みがわかっていれば「音訓索引」を使える。しかし漢和辞典を引こうと思うのはだいたいにおいて漢字の読みがわからない場合だから、そんなときには総画索引で引くか部首索引で引くしかない。ところがこれがどちらも一筋縄ではいかない。とくに部首引きはやっかいで、調べたい文字の所属する部がわからないとまったく使えない。

部首による漢字の配列方法をはじめて使った『説文解字』(西暦一〇〇年成書)では、五百四十の部が設けられた。しかし部が五百四十もあるのは煩雑なので、時代を追って部の整理統合がおこなわれた。皇帝の勅命によって作られた『康熙字典』(一七一六年完成)では、部首の数が二百十四と、『説文解字』の半分以下にまで減った。日本の漢和辞典も基本的にはこの『康熙字典』式部首法を基礎とし、それに各出版社が独自の「改良」を加えている。

各社から刊行されている高校生向け(と標榜《ひょうぼう》されているが、大多数の高校生にはとうてい使いこなせない)のコンパクトな漢和辞典の収録字数はだいたい一万字前後である。

仮に漢和辞典の収録文字数を一万字として、それを部首数で割ると、

10000÷214

で、四十六・七という数字が出てくる。つまり一般的な漢和辞典では一つの部に入っている字数の平均が四十七字前後ということになる。しかし中には《水》や《手》《糸》《木》のように数百もの漢字を収める大きな部があるから、逆に平均よりずっと少ない部も存在することになる。

収録字数が平均よりはるかに少ない部のひとつに《父》部がある。そもそも漢和辞典に慣れていない人なら、《父》という部があることすら気づかないかもしれない。

部首字の「父」は、古代における家長権の象徴であった斧《おの》を手にもつ形を表している。「斧」という字に《父》がついているのも実はそのためなのだが、しかしその「斧」は『康煕字典』では《父》部でなく、《斤》部に収められている。

《父》部の漢字は非常に少なく、『康煕字典』ではめったに使われない字を含めても十三字、手元にあるコンパクトな辞典では「父」のほかに「爸」(父親)、「爹」(おやじ)、「爺」(じじ)の三文字しか収められていない。父親の影が薄いのは、別に最近にはじまった現象でもないようだ。

【犬】 4画 いぬ けものへん

小学校の校長をしている友人から、突然電子メールが届いた。久しぶりに飲み会の案内かなと思ったら、用件は漢字に関する質問だった。

彼が勤務する国立大学の教育学部は幼稚園と小・中学校を併設していて、そこの校長は大学の教授の中から任命されることになっている。わが友人は心理学を研究しているので、小学校校長の適任者として、白羽の矢を立てられたようだ。光栄なことなのだろうが、彼にとっては迷惑な話で、その任にある二年間は専門の研究がまずできない、とぼやいていた。

ところでその小学校はずいぶん開放的で、小学生が休み時間などに自由に校長室に遊びにくることが奨励されていて、子供たちは旺盛《おうせい》な好奇心から、初恋の話から宇宙ロケットの話まで、校長にフランクにいろいろ質問してくるそうだ。私が小学生のころなど、校長先生は雲の上の存在だったから、気軽に口をきくことなどありえなかったし、ましてや校長室へ遊びに行くなど絶対に考えられなかった。時代が変わった、とつくづく思う。

もちろん校長が子供たちと気さくに話をし、日常の場で教育的なコミュニケーションをはかるのは大変いいことだ。しかしときには思いもかけない質問に出くわして、立ち往生させられることもある。校長先生も大変だ。

彼はある子供から、「馬や虎や鹿にはどうしてけものへんがつかないの？」と質問されたというのである。つまり「猫」や「猿」には《犭》（けものへん）がついているのに、「馬」や「虎」にそれがないのはなぜか、との質問だった。これは大学院で中国語学を専攻している学生でもそう簡単には思いつかない、質の高い問題である。実のところ、その点については私もこれまで考えたことがなかった。だが少し考えてみると、答えは意外に簡単だった。

「馬」や「虎」「牛」という漢字は、ウマ・トラ・ウシなどの姿全体（あるいはその一部）をかたどった象形文字であるのに対して、「猫」や「猿」などは動物を表す《犭》と、発音を表すツクリの音符（「猫」なら《苗》、「猿」なら《袁》）からなる形声字である。

さて「猫」や「猿」の左にある《犭》は、「犬」がヘンになったときの形である。このヘンを部首とする漢字は、伝統的には四画の《犬》部に収められ、部首字「犬」はもちろんイヌを表す漢字である。

それが部首字となって意味が広がり、《犬》がイヌ以外の動物一般をも意味するようになった。《犬》部に所属する「猪」や「狼」「猫」「猊」（唐獅子）などは形がまだしもイヌに似ているが、「猿」や「狐」「狸」はイヌとかなり形がちがうし、「獺」（カワウソ）となるとイヌとは似ても似つかない形をしているが、それでもこのヘンを部首としている。《犭》が「いぬへん」でなく、「けものへん」と呼ばれるのはそのためである。

ところで、世界最大の漢和辞典『大漢和辞典』には約五万もの漢字が収められ、中国からは約八万字を収めるという字典も出版されているが、最初からそんな数万にも及ぶ大量の漢字が一度に作られたわけではない。漢字が作られていくプロセスを考えると、まずはじめに基礎的・単位的な一群の漢字が作られ、それから第二段階として、第一段階で作られた漢字を組みあわせた漢字が作られていった、というように考えられる。たとえばいきなり「松」という漢字ができるわけはなく、「松」が作られる前には、絶対に《木》と《公》という字がそれぞれ別に作られていたはずである。「松」はその二つの文字を組みあわせただけにすぎない。

第一段階で作られた漢字は、原則的にそれ以上分解できない「単体」の構造をもっており、第二段階でその漢字が二つまたは三つ組みあわせられた。そのことを動物を表す漢字で考えてみると、「馬」や「犬」「象」「鹿」などそれ以上分割できない漢字が、まず第一段階で作られた。これらはおそらく、古代中国人の日常生活にかなり密接にかかわりをもっていた動物群なのだろう。それで第一段階として、これらの動物の姿をそのまま描いた象形文字が作られた。

しかしすべての動物を姿そのままの象形文字にできるはずがない。それで、第二段階として、動物一般を表すけものへんと、音声言語でその動物の名を呼ぶ音を組みあわせて、「猿」や「狸」などの漢字が作られたというわけである。動物の中にけものへんをもつ字と、それをもたない字があるのは、以上のような理由によるのである、と私は校長先生にメールを書き、彼からは数日後に「子供も納得してくれた」と感謝の返事が届いた。

ちなみに現在の日本でふつうに使われている漢和辞典の部首字には、その字だけで特定の動物を表す漢字がいくつかあって、画数の順に並べれば牛・犬・羊・虫・豕・貝・隹・馬・魚・鳥・鹿・鼠・龍・龜となる。これらはいずれもそれ以上分割できない構造をもっており、だからこそほかの漢字を構成する基礎的な単位として、部を構成しているわけだ。

【甘】5画

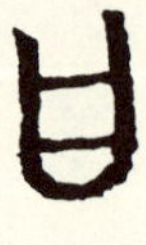

数年前に卒業した学生が、「結婚しました」という通知を送ってきた。結婚式でケーキに入刀している写真を大きく載せた、世間によくあるハガキで、そこに夫婦の名前と新居の住所などを印刷しているのだが、学生時代にはまず見せたことのない彼の喜色満面の笑顔を見ていると、なんとなく馬鹿にされているような感じがする。そんなハガキをじっと見ていると、自分にもそんな時間があったのだなと考えてしまい、穴があれば入ってしまいたくなるほど気恥ずかしい思いもする。

新婚カップルがイチャイチャするのは、当事者には最高の幸せだろうが、端から見ている者にとっては迷惑以外のなにものでもない。それは現代の日本人だけのことではなく、昔の中国人にとっても、新婚のイチャイチャはそうつきあいやすいものでなかったらしい。そのことを示すのが「甚」という漢字である。

「甚」は《甘》と《匹》の組みあわせでできた会意字で、《甘》はもちろん「あまい」、そして《匹》は「つがい・カップル」の意味である。つまり「甚」とは男女二人がベタベタとくっついていることを意味し、そこから「とても・非常に・はなはだしい」という意味を表すようになったわけだ。

「甚」はもちろん良い面での「非常に・とても」という意味にも使われるが、同じように悪い意味での「とても」、つまり「度を過ごした」とか「常軌を逸脱した」「けたはずれの」という意味にも使われる。字源の観点からいえば、悪い意味のほうが本来の正しい使い方ではないだろうかと考えたくなるが、それはきっとモテない男のひがみが反映された見解であろう。

「甚」が収められる《甘》部は漢和辞典ではまったく目立たない部で、そんな部があったことをはじめて知った、という方も多いのではないか。実際この部に収められる漢字はごくわずかで、手元のコンパクトな漢和辞典では、部首字の「甘」のほか、「甚」と「甜」（およびその異体字で、左右のパーツを入れ替えた形の「甛」）だけにすぎない。

「甘」は大きく開いた口の中に《一》（あるいは《丶》）が入っている形である。この字について『説文解字』は「美なり」、すなわち「おいしい」と意味を説明し、中にある《一》は宇宙を支配する摂理である「道」をかたどったものであるという。

口の中に「道」を味得できることが究極の美味であるとは、まるで食を悟りきった者の発言のようだが、実際においしいものを食べるときに、口の中にいちいち道徳などを宿していては面倒でしかたがない。それは現代人にとって面倒であるばかりでなく、古代人にとってもきっと面倒であったにちがいない。

「甘」の中にある《一》は、実際にはなにかの食品が口に入っていることを表す記号にすぎない。この文字が作られた時代の人々は、口にものが入っているだけで「おいしい」と感じたのである。飽食の時代ではなかなか理解できない考え方といえよう。

この「甘」を構成要素とする漢字に「甜」がある。現在の中国語で「あまい」という意味を表す形容詞は「甘」ではなく、この「甜」である。

中学校の社会科・地理の授業で日本各地の主要な産物の勉強をしたときに、北海道の主要な農産物として、「てん菜」というものが教科書に載っていた。関西生まれの私は、「てん菜」という菜っ葉など近所の市場には売っていないし、見たこともない、「てんな」っていったいなんだろう、と不思議に思ったものだった。

先生の説明によれば、「てん菜」は「テンサイ」と読み、砂糖を製造する原料になるもので、別名をビート、あるいは砂糖大根という、とのことだった。そのときはフーンと聞いていただけだが、定期試験にはよく出るらしいから、北海道の主要な農産物の一つには砂糖の原料になる「てん菜」がある、と私は棒暗記した。

それからずいぶん長い時間がたって、大学で中国語を勉強していて中国語では「あまい」ことを「甜」という漢字で表現すると知ったときに、ハッとした。そうだったのか、「てん菜」とは「甜菜」と書くのか、なるほど、砂糖の原料に使われるはずだと納得したのである。「甜菜」が教科書で「てん菜」と表記されていたのは、「甜」が常用漢字に入っていないからである。しかし「てん菜」と書いても、それを知らない者にはいったいどんな植物なのかまったくわからない。「砂糖大根」と書いてあればある程度は想像もできるが（実際には大根よりもカブラにそっくりの形をしている）、教科書にはその名前が出てこなかった。「てんさい」という農作物を勉強させるのなら、「甜菜」と書いてルビをふるか、それともいっそのこと「ビート」と外来語に直してしまうか、いずれにせよ表外字（常用漢字に入っていない漢字）だけを仮名書きする「まぜ書き」による表記では、わかるものもわからなくなってしまう。

新聞などで「チャンピオン・ベルトのはく奪」とか、「えん恨による殺人」というような書き方を見るたびに、そんな鵺《ぬえ》的な気もち悪い書き方を一日も早く絶滅させてしまいたいものだ、と思う。

【皿】 5画 さら

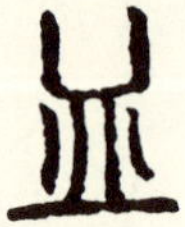

学生時代に本を読んでいて、「浴」という字の成り立ちを知って驚いたことがあった。私たちが使っている「浴」は、《水》と音符《谷》（コク→ヨク）からなる形声字だが、それは比較的新しい時代の字形で、もともとは人間がタライのような大きな鉢の中に立ち、上から水をかけている形をかたどった象形文字だった。古代の人々が「入浴」するときには浴室もシャワーもなかったから、タライの中に入って上から水か湯をかけるしかなく、そのことを具体的なイメージで表したのが「浴」の原字だった。

浴槽として使えるほどに大きな鉢で入浴しても、湯はどうしても外にあふれる。そんな鉢から水があふれているさまを描いたのが「益」という漢字で、だからこの字は「増える・多くなる」という意味で使われる。

五画の《皿》部には、そんな大小さまざまの皿状の容器に関する文字が収録されている。「盛」や「盤」は《皿》と、音符の《成》あるいは《般》を組みあわせた形声字であり、《皿》と《次》（「羨」の省略形で、「うらやむ」の意）とからなる会意字の「盗」は、もともと皿の中の料理を見てうらやましく思うことを意味し、そこからやがて「ぬすむ」という意味に使われるようになった。

この部にはまた「盆」という字もあるが、京都は「盆地」であるというときの「盆」を、私は大学生のころまでずっと、お茶などを載せて運ぶあの「ぼん」のことだと思っていた。しかし平らな面にモノを載せる「ぼん」では、どう考えても「盆地」の形にならないのがなんとなく不思議だった。

また「覆水は盆に返らず」ということわざがあるが、そもそも「覆水」（こぼれた水）があんな平たい「ぼん」に返るはずがない。

この「盆」が底の浅い鉢のことだと知ったのは、中国語の授業で「臉盆《リエンペン》」（洗面器）という単語を習ったときであった。なるほど周囲を山に囲まれた地形は、外から見れば大きな洗面器のように見える。要するに私たちは洗面器の底で寝起きし、学校に通い、コンパなどに興じていたのだった。「目からウロコが落ちる」というのは、きっとこのようなことをいうのだろうと、それを知ったときは感心し、その後しばらくは「盆地」の由来について友人たちに吹聴《ふいちょう》しまくったものだった。

「盆」はまた食器としても使われる。中国の大学や工場などでは昼食時に食堂が非常に混むので、席を確保するのが大変である。それで人々は、洗面器をずっと小型にしたような直径十五センチメートルくらいの容器をもって食堂に行き、カウンターで買ったご飯と料理をそれに入れて自分の部屋にもち帰って食べることが多い。いわば昼食のテイクアウトで、それ自体は日本でもふつうにおこなわれることなのだが、その容器が日本人にはいささか奇異に見える。中国の人にははなはだ申し訳ないいい方だが、「飯盆《ファンペン》」と呼ばれるその容器が、日本人にはどうみても小振りの洗面器にしか見えないのである。なにせホーローびきで、さらに金魚などの絵が描いてあるのだから。

閑話休題。悪逆非道な紂《ちゅう》王の暴政に苦しむ殷《いん》の人々を救うために挙兵し、殷を打倒して周《しゅう》を建てた文王と武王父子に仕え、そのブレーンとして大きな功績をあげた太公望呂尚《たいこうぼうりょしょう》は、無名だった時代にはずっと本ばかり読んでくらしていた。夫がまったく仕事をせず、あまりの貧しさにたえかねた妻が、とうとう別れ話をきりだし、家を出て行った。その呂尚がやがて周の文王に見いだされ、それからというものはグングンと頭角をあらわして、周の建国後には東方の大国である斉《せい》の国王に任じられた。

そうなると元の妻が臆面《おくめん》もなく現れて、おずおずと復縁を願いでた。そのときに呂尚は鉢

（＝盆）に入れた水を地面に撒《ま》き、次のようにいった。「お前は私のもとを去ったのに、いまこうして復縁をせまる。でも鉢から一度こぼれた水は、二度ともとの容器には戻らないのだよ。戻せるものなら戻してごらん」と。

「覆水は盆に返らず」とは本来、いちど離婚した夫婦は元通りにならないということのたとえであった。それにしても、私も一度でいいから、「私が悪うございました」と足下にひれ伏してオイオイと泣くオンナに向かってパッと水を撒き、そんなかっこいいセリフを決めてみたいものだ。

【目】5画　め

「目」は成り立ちが非常にわかりやすい漢字で、人の目をかたどった象形文字であることは、小学校の国語の授業においてすら取りあげられる通りである。もちろん「人の目」がその字本来の意味である。

『説文解字』はその字を「目は、人の眼なり、象形」と解釈し、続いて「瞳を重ぬるなり」という。「瞳を重ぬる」というのは一つの眼球の中に瞳が二つあることで、これを「重瞳《ちょうどう》」という。古代中国では眼球の中に瞳が二つあることがすぐれた人物であることを示す吉相とされ、古代の聖人であった舜《しゅん》や、始皇帝亡き後の天下を劉邦《りゅうほう》とはげしく争って敗れた楚《そ》の英雄項羽《こうう》がそんな「重瞳」であったという。

『説文解字』が「目」という漢字をそのように解釈しているのは、「目」の中にある二本の横線が眼球中に瞳が二つあるさまをかたどっていると考えたからである。しかしだれにでもある目がすべて「重瞳」であるはずはなく、この点で『説文解字』の説明はとうてい信じがたい。その証拠に甲骨文字や金文では「目」の真ん中が二本線でなく、ほぼ円形に書かれている。そこから考えれば、「目」は単に眼球の形をかたどった象形文字にすぎない。

《目》部は収録字数の多い部で、手元にある小さな漢和辞典でも約百二十字が収められている。この部に所属するのはほとんどが目の動きや状態を表す漢字だが、常用漢字だけで「目・直・盲・看・県・省・相・盾・真・眠・眼・眺・着・睡・督・瞬」の十六字も入っている。それだけ目が人間にとって重要な器官である、ということを示しているのだろう。

そんな大事な目をえぐり取るというのは想像するだに恐ろしい話だが、中国ではそんなおぞましい話が、これまでの歴史の中に何度か登場した。

激戦の末に項羽を倒して天下をとり、漢王朝を建てた劉邦（高祖）は、晩年に戚夫人《せきふじん》という若い女性を寵愛《ちょうあい》した。劉邦には若いころに結婚した糟糠《そうこう》の妻がいた。のちに皇后となった呂后《りょこう》だが、彼女はいささか常識はずれなまでに嫉妬《しっと》深く、劉邦のまわりに戚夫人をはじめとする何人かの女性がいるのがどうにも気にくわない。

しかし絶対的な権力を掌握している男が複数の女性を近くに置き、うちの特定の人物を寵愛するのは、古今東西どこにでもある話である（念のために附言しておくが、決していいことだといっているのではない)。また過去の中国のような男性中心の社会では、権力者が世にいる間は、本妻といえども彼の近くにいる女性に対して敵対行動を取ることが許されなかった。本妻と側室たちは同じ敷地の中で暮らし、互いに友好的につきあうことが要求されていた時代であった。

しかし権力者が亡くなれば、話は大きくちがってくる。死去した権力者がこれまで愛した女性たちに対して、本妻の地位にいる女性が思う存分攻撃を加えるというのも、これまた古今東西どこにでもある話である。

呂后もその例にもれず、劉邦が亡くなると、夫がそれまで目をかけていた女性に対して、徹底的に恨みを晴らさんとの思いをこめた復讐《ふくしゅう》にとりかかった。それはまさに嫉妬に狂った女の怨念《おんねん》と呼ぶのがふさわしいほどの、目を覆いたくなるような虐待と惨劇であった。『史記』(呂后本紀)によれば、彼女は亡夫が愛した憎き戚夫人を捕らえさせてその手足をすべて断ち切らせ、さらに目をえぐり取り、耳をそいで、最後にはトイレの中に放りこませたという。当時のトイレではブタが飼われていた。それで呂后は、手足を切断されたまま厠《かわや》の中でブタと暮らすこととなった、目も耳もない哀れな女性を「人彘《じんてい》」(人の形をしたブタ)と呼ばせたという。

それにしても、夫が浮気した相手の女とはそこまで憎いものだろうか。そんなに過激な性格だから浮気されるのだ、というのは男の勝手な論理かもしれないが、しかし私は戚夫人に心から同情し、どうせなら本妻のほうが先にお隠れになられたほうがよかったのに……と思う。

いずれにせよこんな凄惨《せいさん》な話を生んだ中国のことだ。劉邦の時代から二千年以上たったいまでも、既婚男性のほぼ全員が恐妻家であることに、私はなんの不思議も感じない。もちろん自分のことを棚にあげての話ではあるが。

【米】6画 こめ こめへん

ここ数年、東京にいくつかの仕事があるので、よく東京と関西の間を往復する。平均すれば月に三〜四回はいったりきたりしているだろうか。ときには一週間まるまる都内にいるということもあって、こんなことなら東京にねぐらを用意したほうがよほど経済的かもしれない、と思うことすらあるほどだ。

拙宅は大阪の空港に近いので、東京への往復に飛行機を使うことも多いのだが、それほど急いでいないときや、職場のある京都から東京に向かうときなどは、もちろん東海道新幹線を利用する。

飛行機は上空にあがってしまうと雲しか見えないが、新幹線の車窓から眺める風景は山あり川ありで、しかもそれが四季おりおりの変化に富んでいるので、日本はほんとうに美しい国だと思う。そして窓外にどこまでも続く農村の風景を見ていると、やはり日本は「豊葦原《とよあしはらの》瑞穂国《みずほのくに》」なのだなと実感する。

春まっ盛りの時節には車窓から花見が楽しめる。サクラは沿線のいたるところに咲いていているから、車内販売でビールを買えばいながらの花見酒である。そんな花のシーズンがすぎて新緑の季節になれば、あちらこちらに田植えの光景が見えてくる。これは場所によってまちまちで、すでに田植えがすんだところもあれば、これから田植えをする準備をしているとおぼしき水田もある。やはり収穫時の気温とか降雨・降雪量などが関係しているのだろうなと思うと、生活に密着した地理の勉強をしているようで、なんとなく心楽しくなってくる。

水田が青々と茂る夏がすぎ、朝夕の涼しさに長袖《ながそで》のシャツを着だす季節になると、今度は田んぼ一面が息をのむほど鮮やかな黄金色に輝きだす。生活全般が西洋化しつつあるとはいっても、やはり日本の食事にはコメが欠かせない。今年もどうか豊作であれかしと、ついつい車窓ごしに祈らずにはいられない。

イネはコムギ、トウモロコシとならぶ世界の三大穀物のひとつで、その穀粒であるコメは日本だけでなく、世界でもっとも多くの人々の主食となっている。イタリアで知人の家に招かれたときにご馳走《ちそう》になったリゾットが非常においしかったので、どこのコメかとたずねると、夫人がコメ五百グラム入りのパックを見せてくれた。それにローマ字で「Itahikari（イタヒカリ)」と書かれていたのには思わず笑ってしまった。

イネの原産地はかつてインドのアッサム州から中国南部の雲南省《うんなん》と考えるのが定説だったが、最近では長江《ちょうこう》の中流から下流にかけての地域がイネの原産地で、中国南方やインドへは逆にそこから伝わったとする説が有力になってきた。このように起源論が変化しはじめたきっかけは、いまから七千年前に位置する新石器時代の遺跡「河姆渡《かぼと》遺跡」(浙江《せっこう》省余姚《よよう》県)から、約四百平方メートルの広さにわたって数十センチメートルの厚さにイネの穀粒とワラが堆積《たいせき》していたのが発見されたことだった。この発見によって、イネの原産地が再検討を余儀なくされることとなった、というわけだ。

最新の学説によれば、中国はイネの原産国である。しかしイネの栽培は原産地からもっぱら南に展開し、北への展開はそれからだいぶ後のことであった。古代中国文明のより大きな中心地であった黄河《こうが》流域にイネの栽培が伝わるのは、ずっと後の戦国時代のこととされている。「米」という字は甲骨文字からすでに使われているが、しかしその字はなにかの穀物の穂に実った穀粒が付着しているさまをかたどった象形文字で、その穀物がイネであるとは限らない。

日本では「米」を「コメ」と読んでイネの実を脱穀した粒を指すが、しかし「米」はもともとイネの実だけを意味したのではなく、穀物の実を脱穀した穀粒の総称として広く使われる文字だった。部首の一つとされる《米》部が、コメ、あるいは「粥」や「粽」（ちまき）などコメを加工して作った食品に関する文字を収める以外に、イネ以外の穀物、たとえば「粟」（アワ）とか「粱」（大粒のアワ）、「粢」（キビ）などを収録するのは、そのような理由による。

「米」がイネ以外の穀物を意味する使い方はいまも残っていて、中国語では穀物としてのイネは「大米《ターミー》」というのに対して、「小米《シャオミー》」といえばそれはイネよりも粒が小さいアワのことである。

アメリカ大陸が原産地のトウモロコシは、日本では野菜というイメージが強いが、中国ではいまも乾燥させた粒を粉にひき、それを麺や饅頭《マントウ》のたぐいに加工する。トウモロコシがポルトガル人によって中国にもたらされたのは明《みん》の時代で、その新しく渡来した穀物を中国語で「玉米《ユイミー》」と呼ぶようになったのも、「米」が粒を食べる穀物の総称として使われる文字だったからである。

【羊】

6画

ひつじ
ひつじへん

伝説によれば、漢字をはじめて作ったのは蒼頡《そうけつ》という人物だったという。

あるとき蒼頡が野原を歩いていると、地面に鳥や動物の足跡がいっぱいついていた。それを見ていると、これはウマの足跡、あれはウシの足跡、とそれぞれの足跡を残した動物の姿が頭に思い浮かぶ。しかし蒼頡の目の前に実際の動物がいるわけではない。

足跡を見ただけで、それがなんの足跡かすぐにわかったのは、各動物の特徴が足跡にうまく表現されていたからである。だからそれを見ただけで、蒼頡はその足跡を残した動物を思い浮かべることができた。であれば、足跡と同じように、いろいろな事物の特徴をうまく表現すれば、その姿を他者にイメージさせられる。そのことに気づいて、蒼頡は文字を作ることに成功したという。

足跡の観察から漢字を発明するほどの人だから、蒼頡は常人よりもはるかに観察眼が鋭かったにちがいなく、だから蒼頡には目が四つあったと考えられた。常人の倍というわけだ。まことに荒唐無稽《こうとうむけい》な話だが、しかし後漢の時代に作られた墓に内部装飾として使われている「画像石」（神話や伝説をレリーフにした石碑）に登場する蒼頡は、顔にしっかり目が四つ描かれている。また明代に作られたイラスト入り百科事典『三才図会《さんさいずえ》』に見える蒼頡の肖像画にも、ちゃんと目が四つある。

かつての中国では、蒼頡が漢字を発明したことを歴史的事実と認識する人がたくさんいて、蒼頡の生地や墓などまで作られたが、いまではもちろん伝説にすぎないと考えられ、その話を信じる人はだれもいない。しかしそんな架空の話の中に、実際に文字が作られてきたプロセスをかいま見ることができるのである。

たとえばだれかがいまヒツジという動物を表す漢字を作ろうとする。そのときにその人は、ヒツジ全体の姿を描こうとするだろうか？　もちろんヒツジを描くことはそれほど難しくない。しかし象形文字は事物をデフォルメして、簡単な線だけで描かれるものだから、そこにヒツジの姿全体にそなわるディテールを書きこむことは不可能である。簡単な線だけで描かれた動物がヒツジであって、それがウシやサイではないことが、だれにでも見た瞬間にわかるだろうか。

単純な線だけでヒツジを表現するのなら、むしろはっきりとわかる特徴だけを描けばよい。いや動物の姿全体をイメージとして描くよりも、ほかと区別される特徴のみを取りだして、それだけを描いたほうがはるかにわかりやすいはずだ。

ヒツジを外から見たときに、もっともわかりやすいポイントはツノにある。こうして羊のツノを描いた「」（甲骨文字の「羊」）という形でヒツジを表すようになった。小学校の国語では「羊」は象形文字であると教えられるが、しかしそれはヒツジ全体の姿をかたどったものではない。「羊」にはツノの特徴がうまく表現されていて、それでその字形からヒツジが連想できる、という仕組みになっているわけである。

さて「羊」という漢字は、はじめは単にヒツジという動物を表す文字として誕生したが、やがて意味がひろがり、ヒツジの種類や性質を表す要素としても機能するようになった。それで後の辞書に《羊》部が作られた。『説文解字』の《羊》部には、「羊」以下合計二十六文字が収められているし、手元のコンパクトな漢和辞典でも十九字が収められている。

ヒツジは神や祖先に対するお祭りでもっともよく使われた犠牲動物であり、そこから「美」や「義」という漢字が作られた。

「美」は《羊》と《大》からなる会意字で、神に供えられる羊が大きければ大きいほど神様がよろこばれることから、《大》と《羊》の組みあわせで「りっぱなもの」「すばらしいもの」という意味を表した。「美」を「うつくしい」という意味で使うのは、その延長線上にある使い方である。

「義」も同じく会意字で、《羊》と《我》からできているが、《我》はノコギリの形をかたどった象形文字である（それを一人称代名詞で使うのは「仮借」つまり当て字として使われた結果である）。犠牲の動物としてヒツジを神様にお供えするためには、それを解体処理しなければならない。その神聖なヒツジをノコギリで切るときの、敬虔でうやうやしい、そしておごそかな心情が、「義」の本来の意味であった。

【老】

6画

おいかんむり
おいがしら

少子化に連動する老人社会が、わが国では年々大きな社会問題になりつづけている。

個人的な感想でも、四十代のころは社会全体の高齢化を自分の問題とはほとんど認識できなかったが、五十代の半ばにさしかかったあたりから急に切実な問題と感じられて、新聞を熟読したり、年金問題を扱った雑誌を熟読したりしたものだ。我ながらまことにゲンキンなものだとは思うが。

「敬老の日」が祝日とされ、学校や会社が休みになったのは昭和四十一年（一九六六）からあとのことだ。いまは九月の第三月曜と変更されたが、敬老の日はもともと九月十五日と決まっていた。しかしなぜその日に設定されたのか、その理由がどうもいまひとつよくわからない。暑さも一段落した時候のいい季節という、単にそれだけのことなのだろうか。

例年この日には老人の健康を祝い、長寿を祈るという名目で各種のイベントが開催される。だが数年前に古稀《こき》を迎えた母は、年に一日だけとってつけたような催し物に招かれるのは疲れるし、毎年同じ企画の焼きなおしばかりだからいいかげん飽きてきた。せめて「敬老の日」くらいは静かに休ませてほしいものだ、と皮肉なことをいう。

わが母を含めて、いまの老人たちはすこぶる元気だ。私が暮らす町にも親睦《しんぼく》組織として老人会が結成されているが、会の名称を「老人会」とすることには大きな抵抗があったらしい。規約によればこの会に参加できるのは満六十歳以上だが、近ごろの六十歳の方々はまだまだバリバリの現役で、老人会への参加などとんでもない、と入会の勧誘を不愉快に感じる人もいる。そんな人をうっかり「おとしより」などと呼ぶと、ひどく叱《しか》られることになる。

「老」は髪の長い人が杖《つえ》をついているさまをかたどった象形文字である。長生きした証拠を示すかのように髪を長く伸ばした長老が、手に杖をもって立つ姿には堂々とした風格が感じられる。

「老」は漢和辞典では「おいかんむり」または「おいがしら」という名で、老人に関する意味を表す部首字ともされていて、意符（意味を示す要素）として機能するときには省略して《耂》と書かれる。現実の社会では老人がどんどん増えつつあるのだが、しかし《老》部に収められる文字数はきわめてわずかで、手元の小さな漢和辞典では、部首字の「老」以下、

「耄」や「耆」などわずか十一字が収められるにすぎない。

しかしそれでもこんな小さな部に「老」「考」「者」といった常用漢字が収められているのだから、決しておろそかにはできない部ではある。

ところで同じく常用漢字である「孝」にも《耂》があるのだが、さてこの字はいったいどの部に入っているだろうか。試みに、お手元の漢和辞典を調べていただきたい。

実はいまの漢和辞典には「孝」を《老》部に収めるものと、《子》部に収めるものの二種類がある。このように同じ漢字でありながら辞書によって収録する部がちがうというのはまことに迷惑な話で、だから漢和辞典は使いにくいのだという印象をユーザーにもたせかねない。こんなばらつきはなんとかなくしたいものだが、しかし各出版社が編集に際して横の連絡をとっているわけではないから、いかんともしがたいというのが現状なのである。

「孝」は老人の世話をよくする子供という意味で、『説文解字』は「善く父母に事《つか》うる者なり」と解釈し、文字の成り立ちについて「老の省《しょう》に従い、子に従う」と説明する。つまり《耂》（「老」の省略形）と《子》を意符とする会意字だから、「孝」は《耂》でも《子》でも、どちらの部に入ってもまちがいではない。だが『説文解字』はこれを《老》部に入れ、『康熙字典』では《子》部に入れた。現在の漢和辞典における所属部首の不統一は、実はこの食いちがいに起因しているのである。

会意字だから、どちらにいれても文字学的にはまちがいでない。しかし辞書が過去の規範を継承しつつ編纂され、使われてきたという流れを考えれば、伝統的な漢字の規範を示すものとされた『康熙字典』にしたがうべきであって、その点で私は、個人的には《子》部に入れている辞書を支持したい。

【肉】 6画 にく にくづき

私が生まれ育った関西では、「肉」といえば牛肉のことにきまっている。「焼肉定食」だって「肉うどん」だってもちろん牛肉を材料としているし、お好み焼き屋のメニューには「肉玉」と「豚玉」があって、「肉玉」には牛肉と玉子が使われる。久しぶりに肉を食べに行こうと友人を誘えば、それはすき焼きかステーキか、あるいは焼肉を食べに行くことを意味するのであって、そんなときにポークチャップやトンカツなどを食べさせたら、友人関係にヒビが入ってもまんざら不思議ではない。

私は肉＝牛肉であるのが当然、とずっと思っていたのだが、しかし大学を卒業して中部地方に就職し、さらに仕事で全国各地に出張していろいろなものを食べているうちに、東日本では「肉」という漢字で豚肉を指すところが結構たくさんあるらしい、という事実に気づいた。豚肉を使った「焼肉定食」をはじめて食べ、それがその土地では当たり前であるということを知ったときには、軽いカルチャーショックをうけたといってもいいほどだった。

それでも私は中国の文化を研究する者であり、それまでになんども中国に出かけていたから、「肉」がブタを意味することに順応するのにはそれほど時間がかからなかった。いまの中国語で「肉」といえば豚肉を指し、中国料理のメニューに「肉」という漢字があれば、それは豚肉を使った料理だと経験的に知っていたからである。

中国には宗教的戒律や生活習慣などによって、豚肉をいっさい口にしない人々がたくさんいる。そのような民族の料理では牛か羊の肉が使われるが、その料理名は「葱爆牛肉」（牛肉とネギの炒《いた》め物）とか「羊肉串」（マトンの串焼き＝シシカバブ）というように、何の動物の肉を使ったかがかならず明示されている。

いまでは「肉」という字だけで豚肉を意味する漢民族も、しかし古代からずっと豚だけを食べ続けてきたわけではなかった。豚以外にも牛や羊、あるいは鶏の肉が頻繁に食卓にのぼったし、とくに古代でもっともよく食べられたのは犬だった。ちなみに犬はいまでも食材とされ、とくに冬の食べ物として人気がある。ただしそのあたりをうろついている犬を捕獲して食べるのではなく、食肉用にちゃんと養殖された犬を食材とするのである。

二十世紀最後の年の九月下旬に、湖北《こほく》省の武漢《ぶかん》で、メインストリートの上を横切る大きな横断幕に、「これから寒くなるから、さぁいよいよ犬肉の季節だ」という宣伝文句が書かれていた。ちょうどタクシーに乗っていたので、運転手さんに、貴殿は犬肉がお好きであるか？ とたずねたところ、お前はなにを当たり前のことを聞いているのだ、という顔をされた。さらに日本人は犬を食べないと告げると、同氏は、なぜだ？ 日本には犬がいないのか？ と不思議そうにたずねてきた。そんな土地を旅行していたときは、なんどか犬肉の料理に出あったものだった。はじめて食べたときには少し度胸が必要だったが、慣れてくると別に気にもならなくなった。ただ私の味覚では、ぜひともまた食べたいと思わせるものでもなかった。

「肉」は食用とされる各種動物の肉を総称する文字で、甲骨文字の字形によれば、祭祀《さいし》の折りに神に供えられた動物の切り肉をかたどった文字である。これがやがて人間の身体にも応用され、「筋肉」とか「肉体」などの語に使われるようになった。

いっぽうこの字は「にく」という意味で独立して使われるほかに、ほかの漢字の意味を規定する意符として使われることも多く、そのときには字形が変わって《月》と書かれる。「胴」や「肌」という字のヘンになっている《月》がそれで、この部首を日本では「にくづき」と呼ぶ。

にくづきの《月》は、夜空に浮かぶ天体を意味する《月》＝つきへんとはもともと字形が微妙にことなっていた。規範的な楷書の字形では「肉」を意味する《月》は真ん中の二本線を左右にくっつけて書き、天体の《月》は二本線を左にくっつけ、右にはつけないのが正しいとされる。そのような区別があるのは、「肉」の《月》にある二本の線は肉に走っている筋目を示すものだから左右にくっついており、天体の《月》は周期的に満ち欠けするから、片側にはくっつかないのだと説明される。しかしそれははなはだ微妙な差異であって、実際にはほとんど区別されず、同一の字形で記された。だから漢和辞典では肉の《月》も天体の《月》も、どちらも四画の《月》部にごっちゃに入っている。

さらにやっかいなことには、《月》部にはもう一種の《月》があって、それは「前」とか「朝」に見える《月》である。これはもともと舟の形をかたどったもので、古くは《舟》と書かれたのが、これもやがて《月》と書かれるようになった。こちらはほかの二種類と区別して「ふなづき」と呼ばれる。

『康熙字典』以来、いまの漢和辞典にいたるまで、それぞれ成り立ちがことなる三種類の《月》が、見かけの形によってすべてひっくるめて《月》部に収められている。あたかもろくに修業もしていないシェフが粗雑に作ったレシピで、ウシとブタとトリの料理をすべて「肉料理」と総称するようなものだ。

【自】6画

「自」という漢字は、もともと人の「はな」を意味するために作られた。古代文字の字形を見れば一目瞭然《いちもくりょうぜん》であるように、「自」は鼻のあたまをかたどった象形文字である。中国最古の文字学書『説文解字』にも、「自は鼻なり、鼻の形にかたどる」とある。

それが、東洋人の習慣として、身振り手振りで自分のことを表す際に、右手の人差し指を「はな」のあたまにつきたてて示すことから、鼻の象形文字である「自」が、やがて「マイセルフ」すなわち「自分」という意味を表すようになった。

さらにその後、「自」がもっぱら「自分」という意味で使われるようになったので、その字が本来もっていた「はな」という意味を表すために、《自》に音符《畀《ヒ》》を加えた「鼻(鼻)」が新しく作られた。だから「鼻」は「自」の後起字《こうき》(あとにできた字)なのだが、しかし実際に「自」を「はな」という意味に使っている文章の例は、上に引用した『説文解字』以外、文献中には検出できないようだ。

もともと鼻の形をかたどった象形文字だったから、《自》部に収められる漢字は「鼻」の形やありさま、あるいは器官としての鼻がもつ機能である嗅覚《きゅうかく》に関係するものとなっている。しかし「鼻」という漢字自身は、それを意符とする形声字が多いので、独立した部首（十四画）として別に建てられる、というややこしいことになっている。

とはいっても、どちらの部に収められる漢字もごくわずかであって、手元にあるコンパクトな漢和辞典では、《自》部にはほかに「臭」という字が入っているだけにすぎない。こんなことなら《鼻》部全体を《自》部に統合してもいいのに、と思うほどだが、それがそうならないところが、漢和辞典のややこしさなのである。

「臭」はいまの字形では《自》と《大》からなっているが、それは戦後の当用漢字で採用された俗字体で、もともとは《自》と《犬》からなる会意字、イヌが鼻でにおいをかぐことが本来の意味だった。『説文解字』には「禽走《とり》り、臭《か》ぎて其の迹《あと》を知る者は犬なり」とある。「臭」はさらにそこから意味がひろがって、一般的な「におい」の意味に使われるようになった。いまの日本語での「臭」という漢字は、「くさい」と訓じられるようにもっぱら悪臭を意味する文字として使われるが、もともとは芳《かぐわ》しい香りのことも「臭」で表した。『易経』の「繫辞伝《けいじでん》」に「同心の言は、その臭《しゅう》蘭のごとし」とある。多数の人が心をあわせていったことばは、まるでランの花のように芳しくすばらしいものだ、との意味だから、この文章での「臭」が芳香《ほうこう》の意味で使われていることはいうまでもないだろう。

《自》部に収められる漢字はそのようにごくわずかだが、いっぽうそれとは別に独立して建てられている《鼻》部のほうも小さな部で、同じく手元のコンパクトな漢和辞典では「鼻」のほか、「鼽」(鼻がつまる)、「鼾」(いびき)、「齁」(はないき)、および「嗅」(これは《口》部にある)の本字である「齅」の計五文字を収めるにすぎない。

以前に私の講義に出ていた学生から聞いた話だが、その学生の父親は「鼻」と書いて「はじめ」と読むのだそうだ。珍しい名前で、なかなか人からまともに読んでもらえず、父はいつも名前でからかわれているのでほんとうに気の毒だ、とその学生はいっていた。「あなたの名前はまるで韻をふんでいるようですね」と、名前をネタにからかわれることの多い私は、その人に心から同情してしまうが、しかし「鼻」という文字を「はじめ」と読むのは、別におかしなことではない。鼻は顔面の中でもっとも突出しているところであり、またよく目立つところであることから、物事の始まりを「鼻」で表すようになった。ある流派の始まりを中国では「鼻祖《びそ》」というのがその例であり、「鼻」を日本語で「ハナ」と訓じるのは「端」(=はな)に由来するのだから、考え方によってはやはり「はじめ」の意味がそこに見てとれる。

それにしても、「鼻」という名前を子供につけるのは、成長後にからかわれるのが見えているだけに、ちょっと残酷だと私も思う。やはり子供に名前をつけるときにはもう少し慎重であるべきだろう。

【臼】 6画 うす

中国の笑話集に見える話である。

ある男、やっとのことで結婚することになったが、花嫁には結婚式当日まで一度も会ったことがなかった。そんなことは昔の中国では当たり前だったのだが、それはともかくとして、めでたく初夜が済んだ翌日に悪友たちが集まってきて、「おい、夕べはどうだった？」とからかった。すると男は指で地面に「北」という字を書いた。翌日の朝、友人たちからの同じ質問に対して男は「比」という字を書き、そして三日目の朝、しつこく同じ質問を発する悪友たちに対して、男はニヤニヤしながら「臼」という字を書いた、というのである。

いわずもがなの野暮な注釈をつけると、男が最初に書いた「北」は、二人の人間が背中をそむけあっている形である。「北」はもともとその形から「背を向ける」ことを意味し、だから「背」という字は《北》と《月》（にくづき）からできているのである。さらにウンチクをかたむけると、戦いに負けて敗走するときに、たとえ東や南に逃げたとしてもやはり「敗北」というのは、敵に背中を向けて逃げるからである。そしてこの文字が方角のひとつを表す名称として使われるのは、人が太陽のほうを向けば、背を向けた方角が「北」になるからにほかならない。

またくだんの男が翌日に書いた「比」は、二人が同じ方向を向いて並んでいる形であり、そこからこの字は「並ぶ」という意味で使われる。初日は「北」だったのが、男か女かのどちらかが向きを変えたわけだ。

そして三日目に二人はめでたく「臼」の形になった、というわけである。

まことに「文字の国」中国らしい、よくできたジョークだが、ここに登場する漢字三つのうち、最初と二番目の「北」と「比」は正しい字形の解釈をふまえている。しかし最後の「臼」はこじつけで、「臼」は人間が並んだ形でも、ましてや抱きあっている形でもない。「臼」はもともと穀物をつくためのウスの象形文字であって、ここではもちろんジョークのおちとして使われているのである。

「臼」という漢字はそれ以上分解することができず、『説文解字』以来ずっと部首字にされ続けている。『康煕字典』式の部首法でも六画に《臼》部があり、手元のコンパクトな漢和辞典では、ここに部首字の「臼」以下、「臾」「舂」「舅」など十一個の漢字が収録されている。

この部に入っている漢字は日本ではあまり使われないものばかりで、常用漢字は「興」ひとつだけにすぎない。だが『康熙字典』にまでたちもどれば、この《臼》部には本来あと二つ、非常によく使われる漢字が収録されていたのである。それがいまの漢和辞典の《臼》部に入っていないのは、終戦直後に制定された「当用漢字」によって旧来の字形が大幅に簡略化され、その結果《臼》部に配属するのは不適当と考えられて、ほかの部に移されてしまったからである。

二つの漢字とは、「与」と「旧」である。

「与」はもともと「與」と書かれたから、当然この《臼》の部に所属させるべき漢字である。もう一つの「旧」も、本来は「舊」と書かれたから、それで『康熙字典』ではこの部に所属させているわけだ。

私が高校生だった一九六〇年代には、岩波文庫や角川文庫の中にまだ戦前の紙型《しけい》をそのまま使って印刷したものがたくさん販売されていたから、戦後生まれではあっても、旧字体に接する機会がなにかと多かった。しかし「紙型」ということばさえ注釈が必要になったいま、若い世代が旧字体に接触する機会などまずないといっていいだろう。

「與」や「舊」という字形など見たこともない若い世代に、「旧」や「与」を《臼》部で引かせるのはかなり酷である。それで最近の学習用漢和辞典では、「与」を《一》部の二画、「旧」を《日》部の一画のところに収めている。『康煕字典』式部首法が、現代の日本でいわばバージョンアップされたというわけだ。

《工》部に収められていた「巨」のところでも書いた話（四〇ページ参照）だが、こんな新しい方式の部首分類しか知らない世代が、研究上の必要から『康煕字典』のような伝統的な辞書を使わねばならないことになったときにはきっと困るだろうなと、私は心から心配するのだが、しかし当の若い世代の学生の一人は私の同情に対して、そのうちどんな漢字でもコンピューターですべて自由に検索できるようになるので、部首法なんか知らなくても大丈夫ですよ、だから先生のご心配は杞憂《きゆう》です、とほざいた。私の心配がはたして杞憂であるかどうか、結果がわかるのにはそれほど時間はかからないだろう。

【舌】 6画 した

「舌」という漢字が部首字とされているのは、漢和辞典の引き方に慣れていない人にとってはまことに迷惑なことだ。

「舌」という漢字自体は口の中から舌が出ているさまをかたどった象形文字で、甲骨文字の字形ではまるでヘビのように舌の先端がわかれているように見える。それがなぜなのか私にはよくわからないのだが、「舌」という楷書での字形を見るかぎり、この漢字が《口》部三画のところに収められてもなんの問題もないように思われる。実際にそうしている辞典もあるのだが、しかしそうすると、《舌》を構成要素とする「舐」などをどこにいれたらいいかが難しくなる。

いまでは多くの辞書が《口》部に収録している「舎」も、かつての字形は「舍」であり、

『康熙字典』は《舌》部に収録していた。それが日本では戦後の漢字改革で字形が変更されたので、それにつれて部首もかわったというわけだ。

「舌」は『説文解字』以来、のちの漢字字典でもずっと独立した部とされてきた。『説文解字』では「口に在りてもの言い、味を別つ所以《ゆえん》なり」と「舌」の意味を説明する。つまりことばを話し、ものを飲み食いする器官だというのだが、実際には「舌禍」「舌戦」「舌耕」という熟語に使われているように、飲食よりもことばを話すことに関する語彙により多く使われている。

『論語』の「顔淵篇」に「駟《し》も舌に及ばず」とある。いったん口から出たことばは、「駟」という四頭立ての馬車でも追いつけないほどすみやかに世間に広がっていくという意味であり、だから人はことばを慎重に発しなければならない、ということを教えている。その場しのぎの適当なことを口走り、あとでその責任を問われることの多い私にはまことに身につまされる名言だが、それはともかくとして、この語句における「舌」という文字も、やはりことばを発する器官の象徴として使われているわけだ。しかし現代中国語の「舌」には、そのような言語機能にかかわる用法がほとんどない。

器官としての舌を、いまの中国語では「舌頭」と二音節にしていう。また人間の舌に限らず、動物の舌も「舌」という字で表現される。「鴨舌」といえばアヒルの舌のことだが、それは料理の材料であって、鳥類の舌ではもっとも美味とされている。北京《ペキン》の老舗《しにせ》で北京ダックのフルコースを食べるとかならずこれを炒めたものが登場するから、私も何度か食べたことがあるが、たしかにおいしいものだった。

「舌」という漢字は、人や動物の「した」そのものだけでなく、また「した」の形をしたものの名前にも使われる。古代の知識人には「射」、すなわち弓術が必須《ひっす》の技芸であり、儀式や宴会のときにしばしば弓術がおこなわれたが、そのときに放たれた矢が向かう標的には左右に突き出た部分があって、それを「舌」という。また鐘や鈴の内部にあり、外の金属に当たって音を出す部分も「舌」と呼ぶ。燃えさかる炎の上部にあるユラユラと揺れる部分を「火舌」というのもその例である。

舌といえば、相手に向かって大きく目を見開き、口から舌を長く出す「アカンベー」という動作がある。ちょっとしたいさかいや、相手の話を信じないときなどにおこなわれる、なんとも人を馬鹿にした動作だが、近ごろの日本では子供もこの動作をあまりしなくなった。

中国でも、アカンベーをしている子供を見たことがない。もともと中国にはそんな習慣がなかったのかもしれないが、しかし古代の文物の中には、その動作を彷彿《ほうふつ》とさせるものがある。戦国時代の楚の遺跡から、まるでアカンベーをしているように、大きく目を開き、赤い舌を口から長く垂らした、「鎮墓獣」と呼ばれる猫のような怪獣の像が出土している。

そういえば、ラグビーのニュージーランド代表チーム「オールブラックス」は、試合の前にハカと呼ばれる戦いの踊りを披露するが、そこにもアカンベーに見える動作がある。ハカのルーツはニュージーランドの先住民であるマオリ族が敵への宣戦布告をするときの勇ましい舞踏なのだそうだが、そこに目を大きく見開いて舌を出す動作が含まれているのも、やはり相手に対する威嚇の意味がこめられているのだろう。

アカンベーはどうやら悪霊を追いはらって寄せつけない、つまり魔よけの風習だったようだ。単なる子供の遊び、と馬鹿にしてはいけないのである。

【虫】6画

むし
むしへん

「体」という漢字はもともと「體」と書かれていた。中国でも日本でも、戦前までは正式なときには「體」が使われ、「体」は俗字と考えられていた。それが日本では昭和二十一年(一九四六)の当用漢字によって、中国では文字改革の結果として制定された「漢字簡化方案」(一九五六年)によって、それまでの立場が逆転し、いまでは「体」が正規の形となった。ということは、年配の人なら常識だし、若い人でもちょっと漢字に詳しい人ならかならず知っていることだろう。しかしもっと古い時代までさかのぼれば、「體」と「体」がまったく別々の漢字であったことは、あまり知られていないようだ。

「體」はその字が作られてからいままでずっと「からだ」という意味を表してきた漢字で、音読みは「タイ」または「テイ」だが、「体」はもともと「あらい・そまつな・できが悪い」という意味を表す「笨」の異体字で、音読みは「ホン」だった。だからこそその字に《本》という音符がついているのであって、《人》と《本》からはどうひねくっても「タイ」という読みが出てこない。その「体」が、いつの間にか「體」の略字として使われるようになった。それがなぜなのかはわからないが、もっとも早い例として、モンゴル族が中国を統治した元の時代に書かれた小説の写本に、「體」の略字として「体」が使われているケースがある。

「体」と「體」のように、もとは別の漢字だったのが、やがて旧字体と新字体の関係になるというケースはほかにもあって、「虫」と「蟲」についてもそれと同じことがおこった。

私たちが「むし」の意味で使う「虫」は、本来は「むし」の意味ではなく、毒蛇の一種である「マムシ」を表す漢字だった。「虫」は頭の大きな蛇の形をかたどった象形文字で、音読みは「チュウ」ではなく、「キ」だった。いっぽう「蟲」はその《虫》を三つ組みあわせた形で、多種類の小動物を表すことから、「むし」の意味に使われる（こちらの音読みは「チュウ」）。両者はそのようにもともと別の漢字だったのが、いつの間にか「蟲」の簡略形として「虫」が使われるようになり、やがて「虫」が日本でも中国でも「むし」を意味する正規の漢字とされた、というしだいである。

だからこそ《虫》部に収められる漢字は単に「虻」（アブ）や「蟋」（コオロギ）、「蟬」のような昆虫類だけでなく、「蛇」や「蝮」（マムシ）、「虺」（マムシ）、「蟒」（うわばみ）、「虹」（かつてニジは山から山にわたる大きな竜と考えられた）、「蛟」（みずち。水の中にすむ竜）、「蜥」「蜴」（どちらも「トカゲ」）、「蠍」（サソリ）などの爬虫類《はちゅうるい》もここに入れられるし、「蛸」（タコ）や「蛤」（ハマグリ）、「蝦」（エビ）、「蝌」（おたまじゃくし）、「蜃」（オオハマグリ）のような水中の小動物までそこに含まれる。子供から「タコは虫じゃないのに、どうして『蛸』に《虫》ヘンがついているの？」と聞かれてまごついたお父さんやお母さんはいなかっただろうか。

もうひとつ、別のムシの話を書いておこう。それは「蠅」である。

「蠅」は《虫》と《黽》（「ボウ」と読み、カエルのこと）とからできているが、《黽》は、ほかの文字と組みあわされると、カエル以外の動物を表すことがある。『説文解字』によれば《黽》がつく動物には「丸い」か「大きい」という共通点があって、たとえば《敝》と《黽》からなる「鼈」はスッポンだし、《敖》と《黽》からなる「鼇」は大亀の一種である。ほとんど使われない漢字だが、《単》と《黽》を組みあわせれば、大きなワニを意味する字となる。

とすれば、ハエのように小さな虫に《黽》がついているのが不思議に思われる。それについて『説文解字』は、「蠅は蟲の大腹なる者なり」という。つまりハエは腹が異様に大きくふくれているからだというのだが、その説明はいささかマユツバである。

ブンブンうるさい青蠅が、垣根にとまっている。
でも殿様、あの蠅のような奴らの讒言《ざんげん》を、どうかお聞きめさるな。

中国最古の詩集『詩経《しきょう》』にある「青蠅《せいよう》」という詩の一節である。詩に出てくるハエは、権力者の前で白を黒に、あるいは黒を白にと自由に言いくるめる、ゴマスリの家臣の象徴として使われている。

下水道が整備され、衛生環境が急激に改善されたからか、食べ物の上をうるさく飛びまわるハエが近ごろはずいぶん減った。しかし社会の嫌われ者であるゴマスリの「ハエ」が世の中からいっこうに減らないのは、まことに困ったものである。

【見】 7画

「見」は《目》と《儿》（「にんにょう」または「ひとあし」といい、人間がひざまずいたさまをかたどった象形文字）とからなる会意字で、立っている人が大きく目を見開いていることから、「目でものをみる」という意味を表す。したがって「見」という漢字そのものは《目》部に収められても不思議ではないのだが、「視」とか「観」のように《見》によって意味をあたえられるほかの文字があるため部首字とされていて、「みる・ながめる」などの目に関する動作を表す漢字がそこに収められる。収録字数からいえばそれほど大きな部ではないが、しかしそこには常用漢字だけでも「見」のほか、「規」「視」「覚」「親」「覧」「観」といった重要な漢字が集められている。

上にあげた常用漢字のほとんどは、構成要素として含まれる《見》によって「みる」という意味があたえられていることがたやすく想像できるが、「規」と「親」だけはいささか説明が必要だろう。

まず「規」であるが、これは《夫》と《見》からなる会意字で、《夫》は「ぶんまわし」、すなわちコンパスのこと。コンパスを使って描かれた正しい円形を見ることから、引いて「のり＝規則」の意味に用いられる。私たちはいま直線を引くときに定規を使うが、「定規」とはもともと円をえがく道具だった。それに対して直角や直線を書く道具、すなわち「さしがね」（＝曲尺《かねじゃく》）を「矩」という（四〇ページの「巨」に関する記述を参照）。さらにその二文字を組みあわせた「規矩」は、コンパスとさしがねの組みあわせから、人が守るべき筋道を規定した規則や法則の意味に使われる。『孟子』（離婁《りろう》上）に、「規矩《きく》は方員（員は圓、四角と円）の至りなり。聖人は人倫の至りなり」とある。

もうひとつの「親」のほうは、《規》よりも《見》とのつながりがずっとわかりやすいかもしれない。親は子供の面倒をずっと見つづけるからである。

「親」という字は《木》の上に《立》って《見》ると書きますね。つまりご両親は子供がいくつになっても、かげからずっと見守っていてくださるのです。

「親」については昔からそんな解釈がなされてきた。私自身も、小学校の卒業式での校長先生の訓話の中でそう聞いた覚えがあって、「だから君たちはご両親のご恩を忘れてはいけません」との話に、なるほど、そうなのかと感じたものだった。ふりかえれば、私にもまことに純真な時代があったものだ。いまその話を聞けば、きっと「それなら親はスパイか忍者のようなものだな」とのひねくれた感想をもつことだろう。

わが母校の校長先生にはお気の毒なことだが、「親とは木の上で見ている人」という解釈は文字学的には誤りである。「親」の古い字形では、《木》の上にあるのは《立》ではなく《辛》なので、《木》の上に《立》っていることにはならない。つまり「親」とは《見》を意符とし、「亲」（《辛》と《木》を上下に組みあわせた形の字で、シンと読む）を音符とする形声字であって、左半分を「亲」と書くのはその省略形なのである。

だが親はいつも見えない所から子供を見守っているというのは、実にいい話だとは思う。実の親が子供を虐待し、ひどいときには死に至らしめることすらあるという事件のニュースがあちらこちらから聞こえてくる時代では、もっともっと宣伝されてもいい解釈だとも思う。

だが、昨今の大学の入学式や卒業式に、まるで「七五三」のように着飾って、子供とともに堂々と登場してくる親たちを見ていると、ちょっと複雑な気もちにさせられる。幼稚園児や小学生じゃあるまいに、酒もセックスもとっくにご承知の「お子さま」と並んで、時計台をバックに笑顔満面に写真を撮る親たちの神経が、私にはさっぱり理解できない。少子化で学生が集まらず、これからの経営が心配だというような大学は、卒業式に「千歳飴」でも記念品に配れば、保護者からの人気があがるかもしれない。

いっそのこと大学にも、幼稚園や小学校のような「授業参観日」を設けて、ご子息さまご令嬢がたの平素の実態を、ご両親さまにじっくりとご覧いただいたらどうだろう。日ごろはバイト先にばかり顔を出していて、たまに大学にきても、自分が登録している講義がおこなわれている曜日も時刻も、教室の場所も、さらには先生の顔すらわからない、というお子さまがたのていたらくに恥ずかしくなって、親たちはきっと木の上に登りたくなるにちがいない。

【豆】7画　まめ　まめへん

「豆」はもともと青銅で作られた道具を表す漢字だったといえば、意外に思われる方も多いのではないだろうか。

青銅で道具を作ることを覚えた人類は、重くて不便な石器の不自由さから解放され、新しいさまざまな文化を生みだした。金属を精錬してそれで道具を作ることは、まさに画期的な発明だった。世界の多くの古代文明が、石器時代から鉄器時代に移行する過渡期として、青銅器文明を経験した。日本にも銅鐸《どうたく》や銅剣などが各地の古代遺跡から出土し、それは古代の原始的な技術で作られたとは思えないほどにすぐれた工芸品である。しかし殷から周にかけての中国ほど、技術的に完成度の高い見事な青銅器を大量に作り、それを自由に活用した文明は、世界広しといえどもほかに例を見ない。

古代中国の青銅器は王や貴族たちが先祖に対する祭りをおこなうときに使った道具であり、基本的には調理器具、調理された食品を盛るための容器（「盛食器《せいしょくき》」という）、水や酒を入れる容器、それに楽器に大別できるが、その種類は非常に多く、形も実にバラエティに富んでいる。

そんな青銅器の中に、「盛食器」のひとつとして、底の浅い平皿に長い足をつけた台があった。日本でいう「たかつき」であり、それを古代中国では「豆《とう》」と呼んだ。「豆」という漢字は、そんな台の形をそのままうつしとった象形文字である。この字は日本でも中国でも後世には「マメ」という植物の名前に使われるが、それは食物を盛る道具と、植物のマメがたまたま同じ発音のことばだったので、たかつきを示す文字を借りて植物のマメを意味する文字として使ったからである。

だから《豆》部に収められる漢字は、上に述べた青銅器の一種である「豆」と、食品である「マメ」に関する漢字が入りまじって収められているが、食品であるマメに関する漢字は「豌」と「豉」くらいである。前者はエンドウ豆を指し、後者はマメから作った味噌や納豆のたぐいをいう。

食品としてのマメに関係する文字は、「豆」以外はほとんど使われないが、いっぽう青銅器である「豆」に関係する漢字には私たちもよく知っているものがあって、それは「豊」である。

「豊」はもともと「豐」と書かれ、たわわに実った穀物の穂を「たかつき」である豆に置いた形を表していた。つまり農作業に精力をそそいだ結果たくさんの収穫を得られたことを神に報告するために、穀物の穂を台に載せて神様にお供えしている形が「豐」であり、そこからこの字は「ものがたくさんある」、あるいは「大きい」という意味をもつようになった。

この形がやがて「豐」と「豊」という、よく似ていながら微妙にことなった二つの文字に分化した。「豐」(音読みは「ホウ」)は「ゆたかである」ことを、「豊」(音読みは「レイ」)は「一晩でできる甘い酒」を示す字である。ちなみにこの酒がふるまわれる宴会を「饗醴《きようれい》」といい、この宴会の儀式からやがて「禮」(=礼)という字ができた。「禮」は《示》を意符とし、《豊》を音符とする形声字で、《豊》の音読みがレイであることから、「禮」もレイという字音をもつのである。

ところが「豐」が戦後の当用漢字で「豊」と書くように定められたので、結果として日本では「豐」と「豊」が同じ形になった(なお中国の簡体字では「豐」を「丰」と書くので、中国では二字が同じ形にはなっていない)。

昭和二十一年に制定された当用漢字は、戦後の国語国字改革のなかで、「当面の間使用するべき漢字」として大急ぎでまとめられたものだからだろう、文字学的には杜撰《ずさん》といってもい誤りが、この「豊」以外にも数多く含まれている。当用漢字表を制定する際には漢字・漢文を専攻する学者がだれ一人として参加していなかったと聞く。おそらく漢字はより簡単であればあるほどよい、字形の正しい解釈などはどちらでもいいことだ、というような認識が、当時の社会には底流として存在していたのだろう。あるいは「悪魔の文字」である漢字を一日も早く全廃し、日本語をローマ字で書かせようとしていた「アメリカさん」のご意向が、そんなところに反映されたのかもしれない。

いずれにせよ、そんな誤りが是正されないまま半世紀以上もの時間がすぎているのは、情けない話であるし、国民にとっても不幸以外のなにものでもない、と私は思う。

【豕】 7画
いのこ
いのこへん

平成十六年（二〇〇四）の春には、アメリカで発生したBSE（狂牛病）のあおりを食って、ファーストフード店から牛丼が一斉に姿を消した。

関西出身の私は、子供のころに牛丼という料理を食べたことがなかった。あれはもともと関東の食べ物で、昭和四十年代末期までは、関西の町の食堂に親子丼や他人丼はあったが、牛丼というメニューはなかった。もちろん最近は関西でもいたるところに大手の牛丼チェーン店がたくさん軒を連ねているし、いつも多くの人がそこを利用している。私だってときにはテイクアウトの弁当を買って研究室で食べるし、とくに出張先での朝食や昼食などにはよく利用する。

私にとって牛丼とは、ふだんはそんなに気になるものでもないのに、いざ食べられなくなるとわかると妙に食べたくなる料理だった。牛丼が店頭から姿を消してから数日後のこと、メニューにはないとよくわかっていながらも未練がましく大手のチェーン店に入り、やはり牛丼がないのを確認したのち、おもむろにピンチヒッターとして登場した豚肉丼を注文し、それはそれでなかなかいけるものだと実感した。いまやファーストフード店がなくては、サラリーマンや学生の食事が危機的状況に瀕《ひん》することは明らかである。

ファーストフード店でしばらくは主役になった料理に使われる「豚」という字を、漢和辞典の中から探そうと思えば、多くの人はそれを《月》部か《肉》部（にくづき）で検索しようとするだろう。実際に家人で試してみたところ、彼女はやはりまず《月》部をあけた。それはおそらく、部首索引を使うときには漢字の左側、つまりヘンの部分を基準にするものだ、となんとなく思いこんでいるからにちがいないのだが、しかし「豚」は《月》部の漢字ではなく、ツクリの部分にある《豕》部に収められる漢字なのである（ただしそれを《月》部に入れている辞典もある）。

日本語でイノコと訓じる「豕」は、イノシシの形をかたどった象形文字で、最初はイノシシを意味し、やがてそれが家畜化されたブタをも表すようになった。「豚」はその《豕》と《月》（=肉。にくづき）を組みあわせた会意字で、《肉》を要素としているのは祭りの際に供えられる獣肉としてブタがよく使われたからである。

《豕》部は決して大きな部ではなく、手元の漢和辞典に収められる文字数は十字にも満たない。そこには主としてイノシシやブタ、あるいはそれに似た動物の種類や性質・状態に関する文字が集められている。その中の一つに「豪」があるが、これはもともとヤマアラシを意味する漢字で、ヤマアラシの毛が非常にかたいことから、やがて「つよい」とか「すぐれている」という意味に使われるようになった。

「豚」と「豪」は常用漢字だが、この《豕》部の中にはもうひとつ常用漢字が含まれていて、それは「象」である。「象」は地上最大の哺乳類であるゾウの全身の形をかたどった象形文字だから、それが《豕》部、すなわちブタ関係の部に入っているのはいささか奇妙だが、「象」という形の下半分に《豕》が含まれていることから、そこに分類されたのだろう。

ゾウがいるところといえば、私たちはタイやインド、またはアフリカなどの熱帯に属する地域を連想するが、古代中国では、黄河中流域に野生の象が生息していた。実際にゾウがいたからこそ、その象形文字として「象」という漢字が作られたわけだし、青銅器の中にも、長い鼻を上に大きく巻きあげたゾウの姿を見事なまで写実的に描きだした酒壺などがある。

さらに甲骨の中には、ゾウを捕獲できるだろうかという占いが記されたものもある。おそらく野生の象を捕まえてきて土木工事に使役したのだろう。象はずっと後にクレーンが発明されるまでは、なによりも便利な「起重機」として使役されたのである。

それが、地球の乾燥化とともにゾウの生息範囲がどんどんと南に移り、やがて中国ではゾウの実物を目にすることができなくなってしまった。しかし土の中から死んだゾウの骨が出てくるので、人々はそれをたよりに、ゾウとはどのような動物なのかとあれこれと考えた。このように、実際には見ることができない事物を脳裏に思い描くことを「想象」、つまり「象を想う」と人々は表現したという。『韓非子《かんぴし》』に見えるその話がもしもほんとうならば、「想像」は、本来「想象」と書くのが正しかった、ということになる。

【貝】 7画 かい かいへん

惚《ほ》れた女の希望ならば、どんなことをしてでもかなえてやりたい、と思うのが男の心理である。少々の無理をするだけでかなうのならば、なんとかがんばってその希望を実現してやりたい、とまで思う男も少なくないだろう。しかしその希望がもしも絶対に実現不可能なものだったら、そんなことを要求する悪女とはさっさと縁を切るべきである。

言い寄ってくる男たちをまったく相手にせず、「私がほしいんだったら、望みをかなえてちょうだい」と男心をもてあそびながら、実にとんでもない無理難題をふっかけた悪女の代表は、なんといっても「かぐや姫」である。

まさか月の世界からやってきた女だなどとは夢にも思わないから、貴族たちが彼女の美しさに魂を奪われたのも無理はない。もともと貴族たちは通い婚であちらこちらの女性と恋愛関係にあり、恋の歌を詠んでは泣き、彼女から返事がこないといっては悲嘆にくれる生活を送っていた。つまり色恋だけに明け暮れる生活を送っている連中だから、愛を告白するのはお手のものだ。だからかぐや姫に対しても、いつもの調子で気軽に求婚したところ、なんと姫から「白銀《しろがね》を根とし、金《こがね》を茎とし、白き玉を実とする木」とか、「龍の頸《くび》にある五色の玉」とか、実に無茶苦茶な要求を出されることになる。『竹取物語』のこの一節を読むたびに、私は男という生き物が切なく感じられてしかたがない。

ところでこのかぐや姫が出す無理難題の一つに、「燕《つばくらめ》の持たる子安の貝」というものがある。ものの本によれば、子安貝とはタカラガイ科に属する巻き貝の異名で、日本からははるか遠くに隔たった台湾沖から海南島、さらにはフィリピン南部に及ぶ南シナ海に生息するものだそうだが、さらに強欲な姫は、燕の巣の中にあるそいつを取ってこい、というとんでもない要求を出すのである。そんな無茶を要求する女には未練など残さず、一日も早く絶縁するのが正解である。

欲しいものはなんでも手に入るごく一部の特権階級は別として、平安時代の一般的な日本人はおそらく子安貝など見たこともなかっただろう。だが見たこともない貝の名前が、なぜ物語の中に登場するのだろうか。それは中国からの伝承であるにちがいない。

「貝」という漢字は子安貝の形をかたどった象形文字であり、だから《貝》部には生物としての貝の名前を表す漢字が含まれている。古代の集落から貝塚が発見されるように、貝は古代人にとっては非常に重要な食料資源であったが、それだけでなく、同時にまた財産の象徴でもあった。だからこそ「財」や「貴」「貧」「賤」など《貝》によって意味をあたえられる漢字には、金銭や地位・身分などに関係するものが多いのである。

古代中国でも権力や財産のシンボルとして貝が珍重された。しかし貝ならばどのようなものでもよかったというわけではもちろんない。近くにある川や池でたやすく手に入る貝が、もし財産のシンボルとなるのなら、だれだって川や池に行って貝を拾うだけで、すぐに大金もちになれる。もしシジミやアサリが通貨として使えるのなら、あちらこちらの川や砂浜で「ゴールドラッシュ」がおこっていたことだろう。シジミやアサリのように万人がたやすく入手できるものが、財産のシンボルなどになるはずがない。

財産のシンボルとして使われた貝は、そうそう簡単には入手できないものでなければならなかった。財産と見なされた貝は、黄河中流域に位置した殷王朝が、はるか遠方に位置する東南沿海地方から運ばせてきた子安貝だったのである。殷王朝はそれを都に運ぶための、数千キロメートルにわたるルートをもっていた。

古代の中国人は子安貝には特殊な霊力があると考え、貴人の装飾品としてそれをふんだんに使い、権力と財産の象徴とした。さらに貴人が没したのちは遺族がそれを「遺産相続」することもなく、大量の子安貝を遺骸とともに墓の中に埋葬した。

一九七六年のこと、河南《かなん》省安陽《あんよう》市郊外にある殷墟《いんきょ》から、婦好《ふこう》という名の王妃の墓が発見された。婦好は甲骨にもしばしば名前が登場する王妃で、その人物の墓が、中国ではまことに希有《けう》なことに、まったく盗掘をうけていない完全無傷な形で発見された。絶大な権力を掌握していた王の妃だから、彼女の地位もおそらく非常に高かったことは確実で、それを物語るかのように、その墓には数千点にのぼる青銅器と玉器が副葬されていた。そしてそれとともに、実に七千枚近い大量の子安貝が墓に納められていたのである。

殷代の王は子安貝を入手するルートをもっていた。もしかぐや姫が殷代の中国に降臨していたら、彼女は地上人の妻となるはめになっていたかもしれないのである。

【辛】7画

小学校の国語の授業で習う漢和辞典の引き方では、さんずいやいとへん、うかんむりなどの、きわめてわかりやすい部首が取りあげられ、そこでは大して難しい漢字も出てこないから、その段階で多くの人は部首で漢字を検索することなど簡単だ、という印象をもってしまいがちである。ところがどっこい、それがなかなか簡単ではないことは、これまで本書でいろいろな例をあげてきた通りである。部首には、そう容易には正体を見抜けないものがたくさんあるのだ。

これまでに取りあげてきた「舌」（一〇六ページ参照）などと同じく、「辛」も所属する部首がなかなかわかりにくい漢字で、これを部首別索引で引こうとすれば、《立》や《十》の部を調べる人も多いことだろう。なるほど「辛」だけなら《立》か《十》の部に入れてしまってもいいかもしれない。むしろそのほうが検索には便利だろう。しかし「辜」や「辞」(辭)、「辟」のように、《辛》を意符とする漢字がある。それで「辛」がそのまま部首として建てられることになる。

「辛」には「からい」と「つらい」の二通りの訓読みがある。「香辛料」と「辛酸をなめる」というのがその使いわけの一例だが、そのことを反映して、《辛》部に収められる漢字は、「辣」のように「からい」という意味の《辛》を受けるものと、「辜」のように「つらい」という意味の《辛》を受けるものの両方がある。

「辛」はもともと入れ墨を入れるのに使う針の形にかたどった象形文字だった。古代中国では罪人に対する刑罰の一種として入れ墨を施したので、そのときに使う道具である「辛」で、「つみ」という意味を表した。だから「辞」(本来は「辭」、もとは「罪人を責めること」)や「辟」(「刑罰をあたえること」)など、「つみ」や「さばき」の意味に関する漢字がこの部に収められることになる。

ところが「辛」がやがて「つみ」の延長として「つらい」ことを表すようになり、さらに意味が拡張して味覚としての「からさ」を表すようになったので、本来の「つみ」の意味を表すために、《辛》と《自》をあわせた「辠」という字が作られた。《自》は人間の鼻をかたどった象形文字で、「鼻」の原字だった(九八ページ参照)。古代では罪人の鼻に入れ墨を施したことから、その文字で「つみ」という意味を表すようになったというわけだ。

この「辠」が「皇」という字とよく似ていることを秦の始皇帝が嫌って、それ以後「つみ」の意味に「罪」を使うようになったという。『説文解字』に「秦、辠の皇字に似たるを以て、改めて罪と為す」とあるのがそのことなのだが、始皇帝は「皇帝」ということばを作った人物なのだから、自分の称号に使われる文字が罪人を意味する漢字と混同されるのをいやがったのも無理はない。「辠」はほとんど使われない漢字となったが、もともとは「辠」のほうが「罪」よりも古い漢字であり、そこからも「辛」が刑罰に関係する文字であったことがわかる。

いまの中国語では味覚の「からさ」を「辣」という文字で表現する。中華料理でおなじみの「辣油」（ラー油）の「辣」であり、四川料理には欠かせない「とうがらし」のことを中国語では「辣椒《ラーチアオ》」という。

この文字はまた単独で使われる以外に、「辛」と組みあわされて「辛辣」という熟語を作る。

日本語での「辛辣」は「手厳しい」という意味で使われ、一般的には批評やことば遣いなどの厳しさを形容するが、料理の味の表現にはまったくといっていいほど使われない。しかしこの「辛辣」ということばも、もともとは料理のからい味をいう表現だった。

唐《とう》代に作られた『酉陽雑俎《ゆうようざつそ》』という随筆集に、胡椒のことが書かれている。この本によれば胡椒はインド南部から中国に伝わったらしく、唐の人々はすでに肉料理で下味をつける調味料として胡椒を使っていた。そしてその味について、その本には「至って辛辣」と記されている。

私は中国で本場の四川料理をなんども食べたことがあるが、それは実に強烈な、舌がビリビリ麻痺《まひ》してしまうほどのからさである。そんな経験をもつ者から見れば、たかが胡椒ごときで「辛辣」とは、なんとおおげさなと思う。著者はきっと四川の人ではなかったにちがいない。

【⻌】7画 しんにゅう しんにょう

ちょっとした雑文を書いて校正刷が送られてくるときに、苗字に含まれる「ツジ」を「辻」とするか、あるいは「辻」とするかを聞かれることが私にはよくある。つまりしんにゅうの点を一つにするか二つにするかという問いあわせなのだが、そんなとき私はいつも、「別にどちらでもかまわない」と返答する。ところがこれが多くの編集者には意外に感じられるようだ。漢字が専門です、と看板を掲げている者が、本人の姓にある文字についてはっきりと指定しないことが、どうも不思議に感じられるらしい。

結論からいうと、「ツジ」は「辻」と書こうが「辻」と書こうが、どちらでも意味にちがいがない。「大」と「犬」や「太」、あるいは「九」と「丸」、「刀」と「刃」などなら、点の有無が意味のちがいに直結するから決しておろそかにはできないが、「辻」と「辻」では、点が一つであろうが二つであろうが、どっちみち「ツジ」としか読めないのである。一昔前の役所の戸籍ならうるさく区別されたのだろうが、現在の私には、それを厳密に区別する必要がどこにもない。意味が変わらないのだから、どちらの字でもかまわない、というのが私の主張である。

しんにゅうに《辶》と《⻌》の二つの書き方があるのは、漢字の書き方が時代とともに変わった結果である。しんにゅうはもともと《彳》と《止》を組みあわせた会意字で、《彳》は「行」の左半分だけを取りだした形である。「行」は道路が四方に延びているさまをかたどった文字だから、左半分だけの《彳》にも「道路」という意味がある。この《彳》の下に人間の足跡を示す《止》を配置すれば《辵》となり、これがほかでもなくしんにゅうの原型である。だから漢和辞典ではしんにゅうは七画の《辵》が見だし字とされている。

これが隷書《れいしょ》になったときに大幅に簡略化された。隷書の字形は漢代の遺跡から大量に発見される木簡《もっかん》や竹簡《ちっかん》によって具体的に知ることができるが、しんにゅうの部分は点が一つのものもあるし、二つのものもある。なかにはほとんどアルファベットの「L」のように見えるほど簡略化されたものまである。この時代ではしんにゅうの点はどちらでもよかったのだ。

やがて唐になって、高級公務員採用試験「科挙」に問題を出題し、また答案を採点する際の基準を設けるために、楷書での正しい字形とそうでない字形を定める必要がおこってきた。

そんな楷書での規範的な字形を定めた『五経文字』や『干禄字書《かんろくじしょ》』という書物では、しんにゅうはいずれも点一つの《⻌》で書かれている。

しかしさらに後になると、しんにゅうは点二つで書くのが正しいとされるようになった。『康熙字典』のしんにゅうはすべて「⻍」となっており、それが中国でも日本でも、規範的な形と考えられるようになった。

《⻍》が正規の形とされるのは、元来の《辵》での第一画と第二画をそのままに残すべきだと考えた結果だろう。そしてそれは文字の成り立ちから考えれば正しい見解といえる。だから現在の中国から出版される書物でも、たとえば中華書局から出ている標点本『二十四史』など伝統的な学術体系をふまえるものでは、しんにゅうは《⻍》と書かれることが多い。

しかし日本には《⻌》と《⻍》の形が混在している。それは戦後の「当用漢字」でしんにゅうを《⻌》としたからで、当用漢字（およびその改訂版である常用漢字）に収められるしんにゅう系文字は、すべて《⻌》に統一された。

しかしこのように字形の規範が定められたのは当用漢字（およびあとをうけた常用漢字）に収められる漢字だけで、それ以外の漢字についてはなんの規定も設けられていない。「辻」は常用漢字に収められていない漢字である。そのため、「辻」と書こうが「辻」と書こうが、それはまったく個人の自由なのである。

ちなみに常用漢字に収められる以下の漢字は、点一つのしんにゅうで書くのが現在の日本では正規の書き方と決められている。

辺・込・巡・迅・近・迎・返・述・迭・迫・逆・送・退・追・逃・迷・逝・造・速・逐・通・逓・途・透・連・逸・週・進・逮・運・過・遇・遂・随・達・遅・道・遍・遊・違・遠・遣・遮・遭・適・遺・遵・選・遷・還・避

【邑】 7画 おおざと

娘が小学校三年生のときだったと記憶するが、ある日夕食のときにテレビを見ていると、東京都でおこったある事件（どんな事件かは忘れてしまった）のニュースが報道された。すると、娘がそれまでのたわいもない話をやめて、急にまじめな顔で私に「質問」をしだした。質問を要約すれば、東京都の「都」では数字の「3」のような形が右側にあるのに、自分の名前にある「阿」ではそれが左側にある。同じ形なんだから、どちらか一方にきめておけばいいのに、いったいなんでそんなにややこしいことになっているのか、というものだった。書き取りの試験でわざとまちがわせようとしているとしか思えない、だから漢字は好きになれないんだ、と娘はいたく不満げだった。漢字学者なんかを父親にもったものだから、学校では書き取りの試験で友人にからかわれるし、家に帰れば帰ったで、どうにも好きになれな

い漢字がいたるところにあふれている。四六時中漢字に追いかけられているような気がして、彼女はさぞかし鬱陶《うっとう》しい思いをしていたのだろう。

そんな娘に、父親はコンコンと説いて聞かせたものだった。

私たちが使っている楷書という書体では、「阿」のほか「階」「阪」「院」「陸」「陳」なども《阝》を左側に書く。これを「こざとへん」と呼ぶ。それに対して「都」の場合は《阝》が右にくるが、それは「郵」や「郊」「郎」「部」などと仲間で、それを「おおざと」という。二つはもともと形がちがい、意味もちがっていたのだけれど、いまはどちらも《阝》と同じ形に書かれるようになり、画数も同じになった。ただ単に配置される場所がちがうだけだから、しっかりそのちがいを覚えなければいけないのだ云々……。しかし娘はわが説明など聞かず、同じ形だったら場所もいっしょにしてしまえばいいのに……の一点張りだった。

実際に、いまの日本で小学生向けにアレンジされている漢字辞典や、中国から出版されているいくつかの辞典についている部首別索引では、「こざと」と「おおざと」を統一して同じ部首としているものもある。しかしその来歴からいえば、両者はぜんぜんちがう成り立ちのものだった。

「こざと」の本来の形は八画の「阜」であり、いっぽう「おおざと」の本来の形は七画の「邑」であった。《阝》はその「阜」と「邑」が省略された形で、結果として同じ形にはなったが、本来の「阜」と「邑」という字にまで立ち戻って考えると、両者がまったくことなった由来をもつものであることがわかる。

『説文解字』では、「こざと」つまり「阜」について「大陸なり、山の、石無きものなり」と記す。「大陸」とはあるが、この場合はアフリカ大陸というときの「大陸」ではなく、いわば「大地」という意味である。そして「石無きもの」といっているからそれは岩山などではなく、「高地」とか「高台」がその本来の意味である。つまり『説文解字』では「阜」を土が高く盛りあがった丘の象形文字としており、だからこれを部首とする《阜》部には「隆」(大きな丘)や「陸」(高く平らな土地)など、丘や盛り土、あるいは山の形状に関する文字が集められている。さらに「高台」から意味が広がって、「階」(きざはし)や「陛」(きざはし)などに使われているように「階段」という意味を表すこともある。

それに対して「おおざと」は、もっと広い範囲を表している。「邑」を『説文解字』で調べると「国なり」と出てくる。「邑」は城壁を表す《囗》と、人が座っている形を表す《巴》とからなる会意字で、そこから「人間が暮らす場所」を意味する。そこから「邑」はほかの文字に対して「集落」とか「まち」、あるいは「人間の居住地」という意味をあたえる要素として機能し、それで《邑》部には「邸」(やしき)や「郭」(壁で囲まれた集落)、「都」(みやこ)のように、人の居住地や地名を表す漢字が集められているわけだ。

「こざと」をもつ漢字も「おおざと」をもつ漢字も、甲骨文字や金文にたくさん使われている。しかしこれらの古代文字を詳しく見ると、のちには左右どちらかに固定することとなった「阜」や「邑」の部分が、右にあったり左にあったりしていて、その時代には各要素が配置される場所が一定していなかったことがわかる。

現在のように、漢字でヘンやツクリとして使われる要素が一定の場所に配置されるように決まったのは、秦の始皇帝が全国を統一したあと、全国のどこでも通用しうる標準書体として作らせた「小篆」という書体でのことであった。それまではこの「阜」と「邑」に限らずヘンやツクリはかなり大胆に、いろいろな位置に置かれることが珍しくなかった。

わが娘は、もっともっと早い時代に生まれるべきであった。

【金】 8画 かね かねへん

中国各地にある博物館とか美術館が所蔵する出土文物の展覧会を、一時期はあまり見かけなかったような気がする。新聞社の人に聞いたところでは、バブルがはじけてから企業の景気が悪い状態が続いていて、協賛するスポンサーがなかなか見つからず、経費面で開催が難しい、という事情があったらしい。なるほど社員のリストラまでしなければならない状況なら、展覧会の協賛などしている余裕もないだろう。

中国古代文物の展覧会における中心的存在として、青銅器がよく展示される。一般の見学者から見れば、なんだか複雑な形をしていて、どうやら非常に貴重なものらしいが、これはいったい何に使ったものだろう、と不思議に感じられるものである。だが青銅器こそは、古代中国文明の精華と呼んでも過言ではない器物なのである。

中国の青銅器は王や貴族の家で祭りをおこなうときに使われた道具で、調理器具や酒・水を入れる道具、あるいは楽器などに使われたものだが、これらの中には内壁や蓋《ふた》の部分に文章を記したものがしばしばあって、その文字を「金文」と呼ぶ。この場合の「金」とはゴールドの意味ではなく、金属一般を意味している。金文は殷代の甲骨文字と並んで、いま見ることができる最古の漢字であり、漢字の研究では非常に重要な資料である。

そんな「金文」ということばに象徴されるように、「金」という字はもともと金属の総称として使われ、そこから「こがね＝ゴールド」の意味となった。「金」は銅のかたまりを鋳造しているさまをかたどった象形文字と考えられ、後の時代には通貨が銅で鋳造されたことから、「貨幣」という意味をも表すようになった。だから《金》部には「鈍」「鋭」など広く金属全般の性質や状態を表す漢字と、「鈔」「鐚《びた》」など貨幣に関する漢字が収められている。

貨幣に関する漢字の代表は、やはり「銭」（銭）だろう。しかしこの漢字からうけるイメージはちょっと強烈なものがあって、「金儲け」と「銭儲け」のニュアンスをくらべると、「金儲け」が比較的ふつうに使われることばであるのに対して、「銭儲け」にはむきだしの強烈な語感があり、はなはだしいときにはダーティなイメージをあたえることすらある。

そのイメージのちがいは、もしかしたら「金」と「銭」という漢字がもつ意味の差によるものかもしれないと考えて、大きな漢和辞典を引いてみた。しかし辞典では二字の説明としてどちらにも「金銭・貨幣」という意味が載っているだけで、その使いわけについてはほとんど言及されていない。せっかく重い辞書をあけたのに、といささか落胆しそうになるが、しかしあきらめるのはまだ早い。それぞれの漢字がもつ微妙なニュアンスは、実は熟語、とくに民衆が好んで使う成語やことわざなどに反映されていて、そこでの使われ方を分析することで語感が明確になることが多いのだ。

そこで「金」と「銭」を使った熟語を調べてみると、「銭」の用例では「非銭不行」（銭にあらざればおこなわれず）とか、「銭無足而走」（銭は足無くして走る）とか「有銭可使鬼」（銭有れば鬼をも使うべし）とか、かなり大胆に貨幣をむきだしに指す例があるのに対し、「金」のほうでは「金属」や「貴重なもの」を意味する用例がほとんどで、「金」字が「貨幣」を意味すると思える例には、ただ「攫金者不見人」（金をつかむ者は人を見ず）という成語があるだけだった。

この語句は、辞書の説明によれば「欲のためには何事も顧みないたとえ」であり、出典として『列子』が挙げられている。

むかし斉《せい》の国にとても強欲な男がいた。男はある朝りっぱな身なりをして市《いち》に行き、「金を鬻《ひさ》ぐ者の所に適《ゆ》きて、因りてその金を攫《つか》みて去」ったのだが、すぐに官憲に取り押さえられてしまった。官憲が、公衆の面前で堂々と盗みをはたらいたわけを問いただしたところ、くだんの男は「金をつかむときは人を見ず、ただ金のみを見る」と答えたという。人間としての品性も下劣だが、泥棒としても三流だというべきだろう。

さて上の話に出てくる「金」は、はたして貨幣であろうか。男が強奪した「金」は市で売られていたのである。だからそれは貨幣でなく、なにかの貴金属か高価な金属製品とも考えられる。もしその「金」が貨幣でなければ、成語の中では貨幣を指す「金」という字はなくなってしまう。

つまり中国の日常の言語生活では、「銭」ははっきりと貨幣を意味し、「金」は「貨幣」を意味せず（絶対にないと断言する自信はない）、むしろ貨幣を指すむきだしの表現にはつとめて使用を避けられたと考えられよう。

【隹】 8画 ふるとり

部首の呼び方で「とり」という名前がついているものは三種類あって、画数の順に「酉」「隹」「鳥」である。部首にはすべて日本語での呼称があるが、これら三つの部首字をもしすべて「とり」と呼ぶと、ほかと区別がつかずまぎらわしくなってしまう。それで漢和辞典の部首名としては、「酉」を「ひよみのとり」、「隹」を「ふるとり」、そして「鳥」を「とり」と呼ぶことになっている。

「ひよみのとり」の「ひよみ」とは「日読み」すなわち「こよみ」のことで、「酉」が十二支の一つである「トリ」を表すことからその名がつけられている。トリ年の年賀状にはこの字が氾濫《はんらん》するし、熊手の縁起物で有名な東京の「酉の市」は、十一月のトリの日に開かれる。

「酉」という漢字はそのように十二支のトリを意味して使われるが、しかし《酉》部に収められる漢字は、十二支ではなく「酒」に関するものがほとんどである。というのは、「酉」という文字自身が酒樽《さかだる》の形をかたどった象形文字だからであって、それを十二支の「トリ」の意味に使うのは、同音の文字を借りて当て字として使う「仮借」による。

次の「隹」は、『説文解字』によれば短い尾をもつトリの形をかたどった象形文字とされ、「ふるとり」という名称は、それが「舊」（ふるい、「旧」の旧字体）の構成要素として使われていることによる。ただしこの「舊」という字そのものは《隹》部ではなく《臼》部に収められているので、話が少しやっかいだ。

《隹》部に収められるのは、ほとんどが鳥の種類やありさまなどを表す漢字である。その点で同じくトリに関係する漢字を収める《鳥》部と非常に関係が深い。「鳥」のほうは、『説文解字』によれば、比較的長い尾をもつトリの形をかたどった象形文字であるという。

つまり《隹》と《鳥》のちがいはトリの尾の長さにある、と『説文解字』はいうわけだ。いいかえれば《隹》のほうは比較的小さなトリ、つまり小鳥に関する漢字が多いのに対して、《鳥》のほうは小鳥に限定されず、もっと大きな鳥もそこに含まれる、ということになる。

なるほど具体的に考えても、《隹》部には「雀」「雁」「雉」「雛」などが入っているし、《鳥》部のほうには「鷲」「鷹」「鶴」「鳳」「鷺」などが入っている。しかしニワトリは比較的小さなトリであるが、《隹》をともなう「雞」と、《鳥》をともなった「鶏」の二通りの書き方がある。さらにまた《隹》部には「雕」（ワシ）や「雚」（コウノトリ）など大きなトリが入っているし、逆に《鳥》部にも「鷗」や「鶯」など、決して大きくないトリが入っている。そう考えると、尾の長短や全体の大小の区別は、決して絶対的な分類基準ではないようだ。

小さいトリの代表といえば、スズメであろう。「雀」という漢字は《隹》と《小》からできていて、文字通り「小さなトリ」という意味を表す会意字である。そしてこの字はトリの名前のほかにも「麻雀」というゲーム名にも使われていて、私は学生時代からこの字とのつきあいが非常に深かった。

一九六〇年代末期から七〇年代初期にかけて、日本の大学はいずこも激しい紛争に巻きこまれていて、そのころは大学に行っても講義などまったくなかった。それでも下宿にいてもしかたがないので、キャンパス付近の雀荘が必然的に仲間たちの溜《た》まり場となっていた。キャンパスには友人がいなくても、雀荘に行けばかならずだれかがいた、というありさまだった。だがそれから三十年以上たったいま、学生がほとんど麻雀をしなくなり、それとともに大学周辺の雀荘の数は激減した。

ところで「麻雀」というゲームの名前は、「索子」（ソーズ）の最初としてスズメが描かれていることからつけられたといわれ、また別の説では、小さなレンガ状の牌をジャラジャラとかきまぜる音が、竹藪《たけやぶ》にむらがるスズメの鳴き声のように聞こえるからだ、ともいう。私は実際に、ある中国の庭園で竹藪にむらがるスズメの鳴き声を聞いた経験があるが、それはほんとうに麻雀牌をかきまぜる音とそっくりだった。

ともあれかくしてスズメという鳥がゲームの名前と密接な関連をもつようになったのだが、しかし中国でマージャンのことを「麻雀」と書くのは香港《ホンコン》など南方だけに限られていて、大多数の地域ではそれを「麻将」と書く。そして逆に現在の中国語で「麻雀」と書けば、それはゲーム名ではなく、「スズメ」という鳥の名を示すことばとして使われる。

来日したばかりの中国人は、日本の街角のあちらこちらに「麻雀」と書かれた看板がかかっているのを見て、日本人はどうしてそんなにスズメの焼き鳥が好きなのだろうか、と不思議に思うそうだ。

【雨】

8画

あめ
あめかんむり

空から降ってくるアメを表す文字を作ってごらん、と子供にいえば、どこの国の子供でもきっと、水滴が空からしたたり落ちてくるありさまを絵に描くことだろう。実際に「雨」という漢字はそうして作られた。

「雨」という漢字は、甲骨文字の時代からすでに使われている。占いをしたあとに亀の甲羅や牛の骨に神のお告げを刻みつけた殷の人々は、天気予報まで神様におたずねしていたようで、「今夜は雨が降るだろうか」という占いが頻繁におこなわれていた。半地下式の竪穴《たてあな》式住居に暮らしていた古代人にとって、降雨とは非常に迷惑な現象だったにちがいない。亀の甲羅の表面に刻まれた「雨」という字を見ていると、狭い竪穴の中で身を寄せあい、じっと雨を避けている家族の姿が見えてくるようだ。

永くアメリカで暮らした経験をもつ知人が、日本は適度に雨が降るのでとても住みやすい、といっていた。雨が降らなくても困るから、なるほどそんなものかなとも思うが、しかし降りすぎるのも困りものだ。長雨が続くと食物がかびるし、外出もおっくうになる。とりわけ突然の雨はやっかいで、外出先でいきなり夕立に降りこめられ、全身濡《ぬ》れねずみになった、という経験をもつ人もきっと多いことだろう。雨の日に外を歩くのが私はきらいだ。

八画の《雨》部は、そんな降雨や降雪、あるいはそれに類似する自然現象に関する漢字を収録する部で、部首としての《雨》は、かならずカンムリとして字形の上部に加えられるから、「雪」「雲」「電」「露」などこの部に入る漢字は帰属が非常にわかりやすい。

そのひとつである「雷」は《雨》カンムリがつく漢字ではあるが、水や氷のたぐいが降ってくるわけではなく、空からやってくるのは激しい閃光《せんこう》である。それを日本語で「かみなり」というのは、もともと「神鳴り」だった。落雷は神が引きおこす行為と考えられ、人間の力ではどうしようもない現象に対して古代人はおそれをこめてひれ伏し、それを敬虔に受けいれた。

かみなりが発生するメカニズムについては学校で習っているので、それが単なる天地間の放電現象にすぎない、ということは一応わかってはいる。しかしあの恐ろしい轟音と閃光の前には、そんな理屈などみじんも通用しない。かみなりはいくつになってもあまり気もちいいものではない。

大地を激しく振動させ、轟音とともに天地をまっぷたつに鋭く裂き、あたり一面を瞬間的に真昼のように輝かせる稲光のイメージを、昔の中国人はぐるぐる回転する形で表現した。古代の青銅器の紋様に使われる「雷紋《らいもん》」がそれなのだが、そのイメージは模様だけでなく文字にも表現されており、「雷」の下半分に《田》という形で使われているのが、ほかでもなくその形だった。これは「たんぼ」を意味する文字ではなく、宇宙の気（カオス）が回転するさまを描いた形なのである。

昔の中国では、天候や季節の推移を陰と陽の気のバランスで解釈した。人間にも「陽気な人」と「陰気な人」がいるように、世の中にも陰と陽の気があって、それが互いに相手のところに行こうとして正面からぶつかり、ぐるぐると回転する。そのときに発生するエネルギーが雷である、というのだ。こうして陽と陰の気がぶつかりながらめぐりめぐって、季節が変わってゆく。

かみなりが頻発する夏は、大地に陽の気が満ちる季節である。昔はかみなりが鳴ったら急いで蚊帳《かや》の中に入れ、と教えられたものだった。おなかを出して寝ていると、かみなりさまにおへそを取られるぞ、とも脅かされた。かみなりが鳴るのはちょうど蚊が増えだす時期である。さらに雨が降ると蚊が家の中にたくさん入ってくるので、子供を少しでも蚊から守ってやろうとして、蚊帳に入れとか、へそを出して寝るな、と子供をしつけたらしい。

だが、蚊帳そのものを見かけなくなったこの時代に、かみなりにおへそを取られるぞ、というような脅しが子供に通用するはずがない。子供どころか、妙齢の若い女性がおへそを丸だしにしたまま、ときにはなんとそこにピアスまでつけて、真夏の白昼に繁華街を堂々と闊歩《かっぽ》する時代である。

むかし若い娘の太股《ふともも》に目がくらんで、空から落ちてきた仙人がいたという。現代のかみなりの中にも、もしかしたらギャルのへそピアスめがけて求愛に降りてくるものがあるかもしれない。くわばらくわばら。へそだしルックの女性にはあまり近寄らないほうがいいようだ。

【革】

9画

かわへん
つくりがわ

静岡県内のある大学に勤めていたころ、大学時代の後輩の女性から電話がかかってきた。久しぶりだったのでひとしきり知人たちのうわさ話に興じたあと、用件を聞いてみると、近いうちに職場の婦人会の旅行で伊豆《いず》のほうに行くので、ひなびた温泉など面白そうな場所があったら教えてほしいとの依頼だった。

もちろん二つ返事で、若い女性の気に入りそうなところをいくつか教えたのだが（といっても、昔もいまも私にはあまり縁のない場所である）、ただ、「婦人会」の旅行と聞いてちょっと驚いた。彼女は大学を出て二年すぎたばかりの二十四歳で、そんな若い女性が「婦人会」に入っているのがどうにも不思議だった。聞けば、女性は全員「婦人会」に入会することになっているとのことだった。

「婦人会」と聞けば、一般的には中年のおばさんたちがにぎやかに、実にあきれるほどにぎやかに集う組織、というイメージがある。そしてその連想は、漢字の使い方から見れば決してまちがってはいない。というのは「おんな」を意味する「婦」と「女」には、もともと微細な意味のちがいがあって、それぞれの文字を対比的に使うときには「婦」は既婚者を、「女」は未婚の女性を意味する。日本語で「婦」をツマと訓じ、「女」をムスメと訓じるのはその区別に基づいた結果であり、若い独身女性が「婦人会」に参加していることにまつわる違和感は、その使いわけに由来するものだった。

いまの中国語では、既婚と未婚をとわず、女性一般のことを「婦女」と表現する。「婦女能頂半辺天」（訓読すれば「婦女はよく半辺の天を頂す」とでもなるか）という、一昔前にはよくいわれた成語があって、それを日本語で「女性は天の半分を支えることができる」と訳すのだが、そこでの「婦女」は女性全体を指して使われている。

漢字にはこの「婦」と「女」のように、ほとんど同一の概念を示す文字を、とりまとめていうこともあれば、意味上の微細なちがいを厳密に区別して使うこともある。このように微細な意味のちがいを区別した言い方を「析言《せきげん》」といい、すべてをひっくるめた言い方を「統《とう》言《げん》」という。

「析言」と「統言」のもっともわかりやすい例は、「皮」と「革」のちがいだろう。

革　9画

動物の獣皮を「皮革」というのは「統言」した言い方であって、それを「析言」すれば、「皮」は獣毛がついたままのもの、「革」は獣毛を除去してなめしたものをいう。だからミンクのコートは「皮製品」であり、財布やバッグは「革製品」なのである。あるとき雑誌を読んでいたら「皮ジャンでバイクをとばす少女」という文章にでくわし、ミンクのハーフコートを着てバイクに乗っている女性の姿を想像して、思わず笑ってしまったことがあった。

漢和辞典の部首でもこの《皮》と《革》が区別され、それぞれ別の部とされている。五画の《皮》部（部首名を「けがわ」という）の部首字である「皮」は、動物の皮を手で剝《は》ぎ取っているさまをかたどった象形文字であるが、その部には動物の皮だけではなく、「皸」（ひび・あかぎれ）とか「皰」（にきび）、「皺」（しわ）など、人間の皮膚に関する漢字も収められている。人の皮膚には体毛がついているから、それもやはり「皮」に分類されるのだろう。

もう一つの《革》は九画にあって、部首名として単に「かわ」と呼ばれることもあるが、それでは《皮》部とまぎらわしいので、両者を区別して《革》部を「かくのかわ」とか「つくりがわ」と呼んだりする。

こちらの部首字「革」は、すでに剝ぎ取った獣皮を敷き広げて、それを手入れしているさまをかたどった象形文字である。それでこの部には主として動物の皮革、あるいは皮革で作られた製品などを表す漢字が収録されることになる。「靴」や「鞭」「鞄」（かばん）などはそのわかりやすい例だが、しかし過去の中国で衣服や袋が作られるときには絹や麻、あるいは木綿を素材とした。古代においてなめし革を使って作られたのは、衣服などではなく、主として馬具であった。そのため《革》部には馬具に関する漢字が多く、「勒」は馬の頭につけて馬の動きを制御するための革ひものことだし、「むながい」と訓じる「鞅」は、馬や牛の胸から腹にかけて取りつける革帯のことである。馬にまたがって乗るときに座る「鞍」も、もともとは革を張って作られたものだから《革》がついている。

【香】9画

大学での私の研究室は建物の中庭に面していて、季節になるとジンチョウゲやキンモクセイなどのいい香りがただよってくる。部屋に入り、窓を開けたとたんに、どこからともなくうっとりするような香りが入ってくるのは実にうれしいもので、それが晴れたさわやかな天気の日ならば、それだけで人生の幸せを感じてしまうほどである。

「香」という字を分解すると《禾》と《曰》になるので、この字を漢和辞典で引くのに、ついつい《禾》部を調べてしまいがちである。しかし「香」は《禾》部にも《曰》部にもなく、実は《香》部の部首字なのである。

漢和辞典に《香》という部が建てられているのは、「馥」や「馨」など、《香》によって意味をあたえられる漢字があるからなのだが、しかしその数はほんのわずかにすぎず、手元のコンパクトな漢和辞典では、部首字「香」のほかにたった五文字しか収められていない。これまでの字書の編纂と部首法の流れの中で、こんな小さな部がなぜ早い時期に淘汰されてしまわなかったのか不思議である。

前述のごとく「香」は《禾》と《曰》からなり、《禾》は「黍」(キビ)の、《曰》は「甘」(あまい・うまい)の省略形である。そこからこの字はもともと「キビで作った酒からたちのぼる香り」を意味していた。「香」は酒の芳香を意味する漢字だったのが、やがて意味が広がって、さまざまなものの香りを意味するようにもなった。

近ごろは若い女性を中心に香りブームがおこっているらしく、娘が買ってくる石鹸《せっけん》やシャンプーなどからは、なんともいえない、いい香りがただよってくる。電車に乗っていても、隣に座った女性からコロンの芳香がただよってくれば、それだけでなんとなく得をしたような気分になるものだ。香りは人生をうるおい豊かにしてくれるものであることは、私ごときがここであらためていうまでもないだろう。

香りといえば、私は清朝末期の中国を牛耳った西太后《せいたいこう》のことを思いだす。絶大な権力をにぎって、好き勝手にふるまった西太后は、また人生を楽しむために香りを思いきり贅沢《ぜいたく》に楽しんだ人物でもあった。

北京の西北郊外にある頤和園《いわえん》は、権力の頂点にあった西太后が、海軍を建造するために用意された予算をつぎこんで自分好みに改造させた、豪華きわまる離宮で、そこにはいまも西太后にまつわる遺物がたくさん保存されている。

彼女の時代にはもう写真があった。頤和園の中には西太后がそこで過ごしたときのスナップ写真が何枚か展示されているのだが、写真で見る西太后は見るからに気が強く、強欲そうなばあさんだ。それが宮殿の花園で、蓮《はす》の花の中に立って、まわりにお気に入りの宦官《かんがん》を数人はべらせながら観音さまの格好をして遊んでいるところを写真に撮らせているのだから、近ごろの若者のことばでいえば「超むかつく」光景である。

彼女はまた大変なグルメでもあった。どんな食材だって手に入る最高の権力者のことだから、西太后の食卓には「山海の珍味」というような単純なことばでは表現できない料理が並んでいたようだが、残念ながら彼女の食事中の写真をまだ一枚も見たことがない。おそらくそんなときには写真など撮らさなかったのだろう。

しかし居間として使っていた宮殿でくつろぐ西太后の写真は何枚も残っていて、よく見ると彼女が座っている横や後ろに、かならずといっていいほど山盛りの果物が置かれている。果物はリンゴか桃のように見えるが、これは実は食べるためではなく、西太后がいつも新鮮な果物の香りで包まれるようにとの配慮から置かれていたものだった。これを「香果《シアングオ》」という。果物は時間がたてばだんだん香りがなくなるので、それで西太后のまわりの「香果」は、食べられないまま一日に五〜六回も取り換えられたという。

香りは雰囲気を左右するだけでなく、食事の楽しさにも影響する。中国史上でも指折りのグルメの一人に数えられる西太后が香りにこだわったのは当然である。だが私がもしも権力者なら、果物なんかよりも、馥郁《ふくいく》たる香りをはなつ日本酒やワインを身のまわりにたくさん並べ、「酒香」をあたり一面にただよわせて至福の時間を現出させたことだろう。

【馬】 10画 うま うまへん

「馬」という漢字がウマの形にかたどった象形文字であることは、小学校の国語の授業でも習う通りであるが、それに関して次のような話がある。

前漢の石建《せっけん》は非常に誠実で生真面目《きまじめ》な人だった。その人が皇帝に提出した上奏文になにか不備があったようで、差し戻されてきた。不思議に思って読み返してみると、文中の「馬」という字の下の点がひとつ少なかった。それを知った石建は驚いて居ずまいを正し、「馬は足と尻尾をあわせて五つあるべきなのに、自分の書いた文字は四つしかなく、一つ足りない。これは死刑に処せられるべき罪である」と述べたという。

「馬」という字の下にある点はウマの四本足を、右下にある曲がりは尻尾をかたどったものである。しかし石建が書いた「馬」は点が三つ、つまり足が三本しかなかった。石建は

「馬」が象形文字であることをはっきり認識していた。だがいかに象形文字であっても、またいかに皇帝が読むものではあっても、たかが点をひとつ落としたくらいで死刑とはずいぶんおおげさな話だ。もしそんなことで死刑になっていたら、日本や中国の人口はいまごろ数十分の一、いや数百分の一くらいになっていただろう。思えばいい時代に生まれあわせたものだ。

《馬》部は収録字数が比較的多い大きな部で、コンパクトな漢和辞典でも約百文字が収められている。常用漢字だけでも、「馬」「駅」「駆」「駄」「駐」「篤」「騎」「験」「騒」「騰」「驚」と、十一字も入っている。しかしこれらの漢字は、いまあげた常用漢字のものも含めて、漢字の歴史からみれば、ほとんどが比較的新しい時代に作られたものなのである。

甲骨文字の中には馬に関する漢字がそれほど多くない。古代文字を調べる便利な字典である『古文字類編』（高明編、中華書局、一九八〇年）で調べても、馬に関係する甲骨文字としては馬・馭・駁・騽の四文字が掲載されているにすぎない。

範囲をもう少しひろげて、周代の金文に見える文字をさがしても、上記の四字以外に駒・駟・駆・駱・駐・驫・騵の七字が増えるだけで、逆に甲骨文字にあった駁と騽が金文には出てこない。

漢字は表意文字だから、社会にすでに存在する事物や概念を表すために、それぞれの文字が作られる。ということは、存在しない事物や概念を表す漢字は作られないということになる。だから甲骨文字や金文に馬に関する漢字が少ないということは、殷から周にかけての中国では馬に関する知識がそれほど深くなかった、ということをものがたる。

ところが戦国時代になると戦争のために技術開発が進み、中国でも騎馬が可能になった。さらに始皇帝の時代には、北方の遊牧国家「匈奴《きょうど》」との戦争がはじまった。騎馬戦法を得意とする匈奴と戦うためには、漢民族国家も騎馬の技術を大いに磨く必要がある。かくして戦闘力を増強するために馬術にいっそうの磨きがかけられ、また続く漢代には交流が進みはじめた西域《さいいき》（シルクロード地域）から、戦闘力のすぐれた駿馬《しゅんめ》を獲得することに熱中した。

このような時代になって、馬に関する文字が急激に増加した。

西暦一〇〇年ちょうどに作られた『説文解字』の馬部（十篇上）には、馬に関する文字が百十五字も収められているが、うちのほとんどは馬への関心がそれほど強くなかった時代には存在しなかった漢字である。

『説文解字』に収められる馬に関する漢字は、いくつかのグループにわけることができ、まず馬の年齢（「馬齢」というべきか）に関して、以下のようなものが見だし字にあげられている。

馬　一歳のウマ　　　駒　二歳のウマ

駣　三歳のウマ　　　　　　　　　駅　八歳のウマ

また毛色や大きさなど、ウマのさまざまな属性を表す漢字もたくさん収録されている。たとえば毛色に関するものには、

驪　濃い黒色のウマ　　　　　　　騩　薄い黒色のウマ
騮　赤馬で尾の黒いウマ　　　　　騢　赤と白の毛の混じった色のウマ
騅　青と黒の毛の混じったウマ　　驄　青と白の毛の混じったウマ

などがあり、またウマ自体の大きさに関しても、

騹　小さなウマ
驕　高さ六尺のウマ
騋　高さ七尺のウマ

などがある。

きりがないので例をあげるのはこれくらいにとどめておくが、このように各種の毛色や大きさなどの馬がそれぞれちがう漢字で表現されたということは、それぞれの漢字に対応して、音声による言語で話される単語があった、ということにほかならない。だからそれを書きあらわすために新たに漢字が作られたわけで、ここにも馬に関する知識が時代を追うごとに増加していったという事実を見てとれる。

【鬯】10画

「憂鬱」はかつて、難しい漢字の定番だった。この字をスラスラと書ける者はそのことを自慢したものだったし、書けない者は自分のふがいなさを感じることすらあった。私も中学生のころに、何も見ずにこの字がそらで書けるようにと一所懸命覚えた記憶がある。しかしいまではパソコンはもちろんのこと、手のひらに収まる小さな携帯電話でも、いとも簡単に「書ける」漢字になってしまった。オレは「鬱」が書けるぜと自慢したって、だれもそんなに感心してくれない時代となってしまった。

ところで「鬱」を漢和辞典の部首索引で引けといわれたら、ほとんどの人はそれを《彡》（さんづくり）で引こうとするだろう。ところが《彡》部に「鬱」はない。私がふだん使っている小さな漢和辞典では、この字を《木》部に入れている。なるほど、現代人にはそれがわかりやすいかもしれない。しかしこれは伝統的な部首分類では、《鬯》部に所属する漢字なのである。

「鬯」もわかりにくい部首である。「鬯」（音読みはチョウ）は鬱金草《うっこんそう》という香草の名前である。つまり近ごろ健康食品として話題になっているあのウコンであり、ショウガ科の多年草、地下の太い根茎が香辛料のほか、黄色の染料をとるのに使われる。皮をむいた根茎を煮て乾かし、粉末にしたものがターメリックで、カレー粉の主原料の一つとされる。

このウコンを黒キビとまぜてかもした酒もまた「鬯」というのだが、しかしこの字を部首とする《鬯》部に収められるのは、部首字のほかには「鬱」くらいしかない。なぜこんな小さな部がこれまでの辞書史の中で整理統合されてこなかったか、これも不思議といえば不思議である。

「鬱」を分解すると《林》と《缶《ほとぎ》》と《冖《べき》》と《鬯》と《彡》になる。上にある《林》は二本の柱を表し、その間に《缶》すなわち酒壺をおき、壺の中には《鬯》すなわちキビから作った酒が入っている。それを上から覆って密閉する形が《冖》で、《彡》は酒の香りがあたり一面にただよっているさまを表す。

かなり複雑な構造だが、要するに「鬱」は全体として、かもされた酒の香りがあたり一面に立ちこめていることを表し、そこから「しげる・さかん」という意味に使われた。「鬱《うっ》蒼《そう》」というときの「鬱」がその意味であり、またさかんに集まることから、さらに「ふさがる・こもる」という意味をも表すようになった。「憂鬱」とは「心配事がこもっている」という状態のことである。

「鬱」といえば、こんな思い出がある。

一九九〇年代はじめのこと、NHKのスタッフとともに甲骨文字の故郷へロケに行ったことがある。甲骨が発見される安陽は、北京から鉄道で南に向かい、黄河を渡る少し手前にある。中国の感覚ではそれほど大きな街ではないが、それでも人口は当時で百五十万人を越えていた。

安陽の駅から車で十五分ほど走り、市街地が切れたところに「殷墟《いんきょ》」がある。「殷墟」とは文字通り「殷の都跡」で、そこはいまから三千年以上前の殷王朝が都をおいていたところである。中国史上最古の「首都」だから、そこには中国のアカデミーに属する考古学関係部門の現地発掘センターが置かれ、いまもたえず発掘をおこなっている。

その発掘センターのすぐ横に小学校があって、そこが取材先だった。最古の漢字が出る土地の子供たちが漢字を勉強しているようすを撮影するのが目的だった。

あらかじめ申請してあったから撮影は非常にスムーズに進んだが、先生の質問に元気よく手を挙げる子供は模範的な答えをするし、指名された子供は、黒板にびっくりするほど上手な文字を書く。それは完全に仕組まれた「授業風景」だった。

収録がすんで、ちょうど昼休みになった。私たちが教室を出て移動の準備をしていると、たくさんの子供たちが、少し離れたところから興味深げに眺めている。

現地のコーディネーターが声をかけると、十数人の子供が駈《か》け寄ってきた。さっそくカメラをまわし、ディレクターが近くにいた子供に「ゆーうつ」という漢字を書いてごらん、と紙を渡した。するとその子（五年生だった）は、そんなの簡単じゃないか、とバカにしたような顔をして「忧郁」と書いた。通訳をしていたコーディネーターがそれを見て「正解ですね」といったので、ディレクターは「？」と不思議そうな顔をしていた。

「憂鬱」をいまの中国では「忧郁」と書く。最初の「忧」は「りっしんべん＝心」で意味を表し、《尤》でユウ（中国語では yōu）という発音を表す。それはまだわかるとしても、次の「郁」の使い方は日本人にはまずわからないだろう。

「鬱」と「郁」の間には意味のつながりがまったくないが、中国語では同じ発音になる。同じ発音なら「鬱」のような難しい漢字を書くより、もっと簡単な「郁」ですませたらいいじゃないか、というやり方なのである。もし日本でも「ゆううつ」を「憂郁」と書くようになっていたら、それが書けることを自慢する者などいなかったことだろう。

【鬼】

10画

おに
きにょう

大学で学生が学ぶ外国語の中で、学生数がもっとも多いのは英語であることはいまも変わりがないが、英語の次に多いのがいまでは中国語であることは、世間にはまだあまり知られていないようだ。

必修の外国語科目として中国語を選択する学生が、いまどこの大学でも激増している。大学によっては抽籤《ちゅうせん》までおこなって受講希望を制限しているところもあるくらいで、私が勤める大学では、かつて一クラスに百人以上の学生が詰めこまれるという、およそ外国語の授業とは思えない事態まで発生していた。

こんな状況を出版社が見すごすはずがなく、中国語の教科書はしばらくの間に、雨後のタケノコも真っ青になるほどの勢いで激増した。私が学生だった一九七〇年代初期は中国語の学習人口など寥々《りょうりょう》たるものだったから、そのころ中国語の教科書を刊行していたのはほんの二、三社にすぎなかったのが、いまではその数が十社をはるかに越えている。教科書の内容についても、現代中国の時事問題や政治・経済に関する問題を取りあげるおカタいものから、『朋子さんの留学日記』というように、中国に留学中の日本人を主人公としたもの（この種のものが非常に多い）や、さらには『中国グルメ紀行』、あるいは『北京の横丁巡り』といった楽しいものまで、実にバラエティに富んでいる。ほとんどのものにはCDが添付されているし、二色刷りなど当たり前、巻頭のカラーページには各地の風景写真や街頭でのスナップなどがふんだんに入っていて、まるで観光案内のパンフレットかと思えるほどにきれいなものまである。

私たちの時代から見れば、まことに隔世の感を催すほどだ。

私たちのころの中国語教科書は、執筆者もそれほどいなかったからだろうか、中国で編纂された教科書をそのまま日本語に焼きなおしたものが多かった。折りしも文化大革命の真っ最中だったから、そのころの教科書には『毛主席語録』があちらこちらに引用されていたし、読み物用の教材の中には「日本鬼子《リーベンコエズ》」が頻繁に登場した。

「鬼子」とは他者に対する激しい罵倒《ばとう》語で、六朝《りくちょう》時代の文献から見える古いことばなのだが、十九世紀以降は主として外国人を罵《ののし》る語として使われ、上海《シャンハイ》などに設けられた租界地で暮らす西洋人は、中国人から陰でこっそりと「洋鬼子《ヤンコエズ》」と呼ばれた。「洋鬼子」よりもっときついことばが「日本鬼子」で、このことばは日中戦争時に中国で残虐な行為をはたらいた日本兵を指して使われた。そして一昔前の中国語教科書には、「紅軍」（中国共産党軍）のゲリラ兵士が日本の「鬼子」と勇敢に戦う話がよく載っていたのである。物語の展開はいつもワンパターンで、日本軍に追われた紅軍のゲリラ兵が共産党を支持する農民にかくまわれ、団結した農民の支援をうけて、醜悪きわまりない日本兵をこてんぱんにやっつけて、勝利のうちに村を解放する、というものだった。

もちろん事実としてそんなこともあったのだろう。侵略戦争の罪悪は、永遠に糾弾されなければならないと私も思う。しかし単に中国語を学ぶ目的のために教科書を使う日本人が、なんでそんな胸がつまるような苦しい話ばかり読まされなければならないのか、との疑問も大いに感じたものだった。ともあれ、そんな話を書いたもの以外にはほとんど教科書がない、というのが当時の実情だった。勉強する学生も楽しくなかったが、それで教える日本の先生も、きっと苦労されたことだろうな、と教師になった私はいま思う。

「鬼」とはもともと死者の霊魂を意味する文字で、古代文字では大きな面をかぶって、舞いながら死者の霊魂を演ずる人の形に書かれている。死者を弔う儀式では、そんな仮面をかぶって舞いが舞われたのだろう。

古代中国人が想像した「鬼」は、きっとおどろおどろしい顔だったにちがいない。だからこそ《鬼》部には人の霊魂や妖怪《ようかい》など、超自然的な存在を意味する漢字がたくさん収められる。そこに入っているのは「魔」とか「醜」という、どちらかといえばおぞましいイメージをあたえる漢字ばかりである。

「魑魅魍魎《ちみもうりょう》」の四文字も、すべて《鬼》部に収められている。いまの日本語では「魑魅魍魎」を単に「ばけもの」という意味で使うが、それはもともとは山川や森林、あるいは沼地などに生息する怪物の総称で、古代ではいたるところに広がっていた原生林などに、そんなおそろしいばけものがみちみちていると人々は信じていた。

そのうちの「魅」は、「魅力」や「魅惑」の「魅」として、人をひきつけるという意味で使われるが、もとはそんなばけものを意味する漢字だった。「魅」が《鬼》と発音を示す《未》の組みあわせでできているのはそのためで、「魅」は人を惑わして危害を加える妖怪だった。

魅力とは本来、相手の存在を危うくするほどに強く引きつける力をいうことばだった。だから異性の魅力に負けて、身をもちくずしてしまった人は、文字本来の意味にしたがって行動したということになるのだが、それにしても、身をもちくずすほどの異性に一度は出あってみたいものである。

【魚】 11画 うお うおへん

「魚」はだれの目にもわかりやすい象形文字で、これを部首字とする《魚》部には、魚類や水中動物の種類、あるいはその性質・状態に関する漢字が集められている。この《魚》部は漢和辞典のなかでも《木》部や《糸》部とともに、多数の漢字を収める大きな部である。

魚ヘンの漢字といえば、寿司屋で使われる大ぶりの湯呑みを連想する方が多いだろう。

小学校の低学年だったころ、どういう風の吹きまわしか、家族連れの外食などめったにしない父が、珍しく兄と私を寿司屋に連れて行ってくれたことがあった。

いまのような回転寿司などまったくない時代だから、寿司屋は子供には非常に縁遠いところだった。寿司屋のカウンターに座ったのはそのときがはじめてで、だから有頂天になってマグロやイカの握りを次から次に食べていると、例の大きな湯呑みをもった父が、お前たちはこの中でどれだけの漢字を読める？　と聞いてきた。ご馳走にありつき、機嫌よく食べているときにまことに無粋な問いかけだが、それでも二歳年上の兄は「鯛」とか「鯖」とかを答え、父はそれなりに満足していた。しかし後に漢字の研究を職業とすることになる次男は、そのとき「鯨」しか答えられなかった。次男は学校給食に出てくるクジラのカツが大好物だったので、その字だけは一年生のころから知っていたのだった。

ところで《魚》ヘンをもつ漢字の中には、日本で作られた国字（和製漢字）がたくさんある。あるいは漢字そのものは中国にもあるけれど、表す意味が日本と中国でまったくことなるというものも珍しくない。たとえば「鮎」は日本ではアユだが、中国ではナマズだと辞書に記されるし、日本ではマスを意味する「鱒」は、中国ではカワアカメというコイ科の淡水魚なのだそうだ。

このようなものを「国字」と呼ぶのに反対する研究者もいるが、しかしアユやマスを表す漢字が日本で作られたときに、制作者の念頭にはナマズやカワアカメを表す文字を借りるという発想などまったくなかったにちがいない。つまり日本人が独自に作った漢字が、結果としてたまたま中国にも存在する漢字と同じ形になっただけにすぎない。したがって、私は「鮎」も「鱒」も国字であると考えている。

古くから「地大物博」（大地は広く、物産は豊富である）と形容される中国であるが、こと海産物に関してはいささか貧弱であって、古代の中国人はおそらくイワシという魚を見たことがなかった。中国は東側と南側の一部が海に接するものの、古代文明が栄えたのは黄河流域の内陸部で、そこでは一生海を見ずに世を去る人のほうが圧倒的に多かった（そのことはいまでもそれほど変わっていない）。

それに対してわが国は四方を海に囲まれていて、生活物資の多くを海から得てきた。なかでも魚類は種類が非常に多く、資源としてもきわめて恵まれた状況にある。日本人が食べてきた魚が日本固有種というわけではないが、しかし中国大陸の食生活には登場しないものが多く、結果としてその魚を表す漢字が存在しない。なぜなら漢字は表意文字だから、現実に存在しない事物について文字が作られるはずがないからだ。

いまの中国にはイワシの缶詰が輸入されているので、現代の中国人がイワシを知らないわけではない。しかしその魚をいまの中国語では「沙丁」と書き、shādīng と発音する。すなわち英語の sardine の音訳語であって、イワシを表す漢字は中国ではこれまで一度も作られたことがない。

しかし日本では、そのサカナをどうしても漢字で書きあらわさねばならない必要が、時代とともにおこってきた。実際に、和銅三年（七一〇）から延暦《えんりゃく》三年（七八四）まで都であった平城京の宮殿跡から発見された木簡の中に、「鰯」という漢字が使われている。

「鰯」は《魚》と《弱》を組みあわせ、「弱いサカナ、すぐに死ぬサカナ」という意味で、会意の方法で作られた国字である。ちなみに平城京の前に都とされていた藤原京跡から発掘された木簡にもイワシは登場するが、そこではイワシが音仮名（万葉仮名）で「伊委之」と書かれている。そのことから考えれば、もともと漢字では表現できない事物や概念を日本人は万葉仮名で書きあらわしていたのだが、それがある時期から専用の文字を作って表現するようになっていった、と考えられる。

【麥】 11画

むぎ
むぎへん
ばくにょう

部首索引で「麦」という字を苦労せずに引けたら、その人は旧字体をよく知っているか、漢和辞典をかなり使い慣れている人といっていいだろう。「麦」もまた所属部首がわかりにくい文字のひとつである。

『康熙字典』式の部首法を現代人向けにアレンジした最近の漢和辞典では「麦」を《夂》部などに入れているものもあるが、常用漢字の字形である「麦」は、もともと「麥」と書かれた形の俗字だから、本来は《麥》部に属すべき漢字なのである。

《麥》部には穀物としてのムギの種類、あるいはムギから作られた食品を表す漢字などが収められるが、この部も収録字数はそんなに多くない。手元にある小さな漢和辞典では、わずか十六字収められているだけである。しかもその中でよく見かける漢字としては、「麩」と

「麴」、それに「麵」くらいにすぎない。なおこれらの漢字も、当用漢字で「麥」が「麦」と書かれるようになったのをうけて、いまでは「麸」「麹」「麺」と書かれることがよくある。東京の地下鉄「麹町」駅には「麹町」と「麴町」の二通りの駅名表示があるし（平成十六年現在）、市販のインスタントラーメンのパッケージや、街角のラーメン屋さんの看板にも「麺」と「麵」の二通りの字形が使われている。

さてここまで書いてきた「麦」の旧字体が「麥」であることはいわば常識だが、そのもっと前にはムギが「來」という漢字で表されていたことはあまり知られていないようだ。いわゆる「四書五経」のひとつで、中国最古の詩集でもある『詩経《しきょう》』の「思文《しぶん》」という詩に「我に來と牟を貽《おく》る」という詩句があって、そこに加えられた古い注釈によれば、「來」も「牟」もともにムギの種類だという。つまりその句は「私たちは二種類のムギをいただいた」という意味で、そこにムギが中国に伝わってきたルーツが述べられている。話によれば、人民を暴政で苦しめていた殷を滅ぼし、平和で理想的な世の中をつくりだした周王朝の功績を天がめでて、その功績に対する褒美として地上にもたらした穀物がムギだった、というのである。

いまは「やってくる」という意味で使われる「來」という漢字の本義（ある漢字が作られたときに最初に表した意味）がムギであるといえば、いささか不思議に思われるかもしれない。

しかし漢字のような表意文字のシステムでは、「やってくる」という抽象的な動作を表す文字をいきなり作ることがかなり難しい。とはいえ文字が作られるはるか前から、口で話されることばがあったことは確実である。

「來」はもともと、田んぼでムギが実り、ノギを大きく左右に張りだしたさまをかたどった象形文字だった。そしてムギを意味する単語が、たまたま「やってくる」という動作を表す単語と、その時代には同音であった。そこでムギを意味する漢字を借りて、「やってくる」という、文字化しにくい動作を表す文字として使うことにした。

かくして「來」が「やってくる」という意味にも使われるようになり、やがてそちらの意味のほうが主流になったので、本来の「ムギ」という意味を表すために、《來》の下に《夂》(足の形)を加えた「麥」が作られた。新たに加えられた《夂》は、根張りをよくするためにムギの芽を足で踏みつける「麦踏み」を表しており、そのことから中国では麦踏みが非常に早い時代からおこなわれていたことがわかる。

ところでいまの中国でムギといえばコムギを指すが、殷周時代のムギはおそらくオオムギだった。古代遺跡からの出土品の中にはしばしば調理器具が混じっているが、その使い方から考えれば、当時は穀物を蒸して食べていたようだ。ムギもそうして食べられたにちがいないが、それがオオムギなら、脱穀した粒を蒸して食べることができる。しかしコムギは堅い殻に包まれているので、穀粒をひき割ったり、粉にひかないと食品に加工できない。ところがコムギを粉にひくには家畜や水力を利用して大きな力を出せる臼が必要で、殷周時代の中国にはまだそんな進んだ臼がなかった。だからムギはオオムギだったと考えられるのである。「貝」の項で書いたように（一二六ページ参照）、子安貝をふんだんに所有していた殷の王は、もしかしたらかぐや姫を妻にすることができたかもしれない。絶世の美女をゲットした王は大喜びして、彼女をとても大切にしたことだろうが、しかし姫が王にどんなに贅沢を要求しても、あるいは王がどんなにかぐや姫を愛したとしても、王は絶対にかぐや姫に銀シャリを食べさせることができなかった、なぜなら殷代ではイネがまだ黄河中流域では栽培されていなかったからである。月からやってきた姫は、人間の世界では主食としてせいぜい「麦めし」をたらふく食べることくらいしかできなかったはずである。

【麻】

11画　あさ
あさかんむり

「麻」もまた、いささかやっかいな部首字である。

漢和辞典をよく使う人でも「麻」が十一画の部首字であることにはあまり気づかないだろうし、ましてや漢和辞典に慣れていない人なら、「麻」をきっと《广》部で引くにちがいない（最近では実際に「麻」を《广》部に入れている漢和辞典もある）。

部の帰属がわかりにくいだけでなく、さらに《广》という部首字を日本語で「マダレ」と呼ぶのは、《广》が「麻」（音読みはマ）に使われている「垂れ」だからなのだが、しかしその「麻」が《广》部にないのだから、まったく始末に困る話である。

「麻」はいまの字形では《广》と《林》に分解できるが、古くは中が《林》ではなく《𣏟》という形になっていた。《𣏟》は音読みで「ハイ」と読み、アサの茎から剝ぎ取った皮を細かく裂くことを意味する文字である。これが《广》（建物を意味する要素）と組みあわされて「麻」という漢字になる理由について、『説文解字』の注釈を書いた清の段玉裁《だんぎょくさい》という学者は、「麻糸を紡ぐ作業は必ず室内でおこなわれるからだ」と説明している。

つまり「麻」は《广》と《𣏟》からで構成される会意字であり、だから本来は《广》部に収めても何も問題がないはずである。しかしそれにもかかわらず、「麻」がわざわざ部首字とされているのは、「靡」や「磨」など《麻》を構成要素とする漢字があるからだ。

ところが実際に《麻》部に収められているのは、どの辞書でも「麻」以外には上にあげた「靡」「磨」など、ほんの数文字にすぎない。『康熙字典』にいたるまでの字書の流れのなかで、《麻》部が廃止され、「麻」や「靡」などが《广》部に収録されなかったことのほうがむしろ不思議なくらいである。

《麻》がずっと独立した部として建てられてきたのは、文字学上の原則ではなく、おそらく「麻」が重要な穀物の総称である「五穀《ごこく》」の一つに数えられるものだったからだろう。つまり文字学以外の原則が、いいかえれば農業と食文化の面からの判断が、部の建て方に影響をあたえたというわけだ。

「五穀」とは読んで字のごとく「五種類の穀物」という意味だが、それには古くから二通りの解釈があって、一つは「稲・黍（キビ）・稷（コウリャン）・麦・豆」を「五穀」とする説、もう一つは「麻・黍・稷・麦・豆」とする説である。

「麻」すなわちアサが穀物の一種として数えられるのは、現代の日本人にはいささか奇妙に感じられるだろう。麻薬製造などは論外として、アサを栽培する目的はもちろん繊維をとるためだが、しかし実のほうにも若干の利用価値があった。

アサはクワ科の一年草で、ものの本によれば、原産地は中央アジア。茎は高さ一～三メートルに達し、雌雄異株。夏に花が咲き、やがて実ができる。夏から秋の間に茎を刈り、皮から繊維を採る。実は鳥の飼料とするほか、緩下剤として漢方薬にも使われるそうだ。

アサの実は熟すると硬い球形となり、これからとった良質の油を「おのみあぶら」、または「大麻油」という。日本ではこの実を「麻の実」、または「苧《お》の実」という。日常生活ではあまり耳慣れないことばだが、いなりずしの中に歯ざわりをよくするために混ぜられている小さな粒、といえばわかりやすいだろう。また香辛料の一種として七味の中にも混ぜられているし、鳥の飼料としても広く販売されている。

このように麻は、いつの時代でも日本人の生活のなかで幅広く利用されてきた。繊維は古くから衣服に利用されてきたし、いまも高級衣服の素材として、とくに夏向けの衣服によく使われる。いっぽう種子は稲・大豆・小豆・大麦などとともに食用とされてきたし、実から取った油は食用や灯油として利用された。茎は座布団や草履・のれんなどの日用品、あるいは建材として使われるし、さらに苧殻《おがら》（皮をはいだ茎）は盂蘭盆《うらぼん》のかざりに使われ、またそれを燃やして、あの世から帰ってくる霊魂を迎える「お迎え火」とするなど、民間の宗教儀式に広く利用された。

しかしいまの私たちは主食としてアサを日常的に食べないから、アサが「穀物」の中にカウントされることにはどうもなじめない。異常気象が発生して、いつかのようにコメが不作になっても、その代用としてアサの実を鳥のように食べさせられるという日がこないことを切に祈るしだいである。

【黄】

12画

き
きいろ

黄色は遠くからよく目立つ色である。だから小学生が通学時に使う傘やランドセルカバーには黄色が使われており、道路工事の現場で交通整理にあたる人などが黄色いジャケットを身につけているのも、もちろん交通安全のためである。平成十五年（二〇〇三）に阪神タイガースがセ・リーグで優勝したときには、京阪神の街がタイガース応援グッズを身につけた人であふれかえったが、その出で立ちが遠くから見てそれと識別できたのも、黄色と黒という色彩の取りあわせのせいにほかならない。

衣服や道具にもよく使われるので、黄色は私たちにも非常に身近な色彩だが、その「黄」という漢字を総画で十二画になるように書ける人は、相当漢字に詳しい人だといえる。「黄」をいま使われている常用漢字の字形で書くと十一画になるが、本来は上部にもう一画あって（黄）、だから漢和辞典では十二画の部となっている。

しかしせっかくこうして部首字とされていながら、この《黄》部に収められる漢字は非常に少なく、コンパクトな漢和辞典では「黄」のほかに「まなびや」という意味で使われる「黌」があるだけだ。ちなみにその「黌」を見て、「あぁ、昌平黌《しょうへいこう》の黌だな」と思う方は、歴史と東洋文化にかなり詳しい方と考えてさしつかえないだろう。

「黄」という漢字は、『説文解字』では《田》と《光》からなり、《光》はまた音符を兼ねる（このようなものを「会意兼形声」という）文字で、「大地の色」という意味であるとするが、その分析は甲骨文字や金文など古代文字の字形とはあわない。甲骨文字の字形から判断すれば、おそらく「火矢」（先端に火をつけて射かける矢）の形をかたどった象形文字と考えられ、先端で燃える火の色から、「黄色」という意味を表したのだろう。

黄色はまばゆく輝く黄金の色であり、そして太陽の色でもある。だからなのだろう、黄色には豪華で力強いイメージが感じられる。そしてまさにそのゆえに、過去の中国では黄色はもっとも高貴にして神聖な「禁色《きんじき》」とされていた。建物や衣服などに黄色を使うことができるのは、皇帝ただ一人だけだった。

明から清にかけての皇帝とその后妃たちが暮らした壮大な宮殿、紫禁城が、「故宮博物院」としていまも北京に保存されているが、宮殿の建築物の屋根がすべて黄色い瓦（正しくは「琉璃瓦《るりが》」という)で葺《ふ》かれているのは、そこが皇帝のおわします所であることを示すためであった。皇帝は日ごろは紫禁城に暮らしているが、ときには離宮に遊ばれることもあった。だから頤和園やそのほかの離宮などの建物も、「本宅」である紫禁城と同じく、すべて黄色い瓦が使われているし、歴代皇帝の墓に設けられる各種の建物にも当然その様式が適用される。いっぽうどんなに高い地位におり、権力や財産があっても、官僚や民間人が黄色の衣服を着たり、家の屋根や壁に黄色を使ったりすれば、それだけで皇帝に対する反逆罪に問われ、まず命はなかった。

しかしそのかつては皇帝専用とされた高貴な色が、いまではなんと「いやらしい」とか「わいせつな」という意味で使われるようになってしまった。現代中国語でも「黄」という漢字にはもちろん「イエロー」という色彩を表す意味がちゃんとあるのだが、それ以外の意味にもこの字はよく使われ、たとえば猥談《わいだん》のことを中国語では「黄話」といい、ポルノ文学を「黄色文学」とか「黄色刊物」といったりする。

皇帝しか使うことを許されなかった「秘色」がなんとも地に落ちたものだが、いったいなんでそんなことになったのかを調べると、その由来はどうやら一九三〇年代の上海にあるらしい。

そのころの上海で大流行した雑誌に、「イエロー・キッド」という少年が登場する漫画が連載されていた。この「イエロー・キッド」は女の子をナンパしたり、痴漢まがいのことをしたり、ろくでもないことばかりしでかすヤツだった。いまの日本ならその程度のことを平気でおこなう若者が掃いて捨てるほどいるが、当時はまだ「けしからんやつ」という認識でとらえられたのである。それでこの少年の名前から、「黄色」にそのような意味があたえられたらしい。黄色にとっては、まったくもって迷惑千万な話だ。

【齒】15画

は

はへん

私の知人に、子供のころから五十代半ばにさしかかるいままで、歯医者に行ったことがまったくないという人物がいる。平素の生活を見ているとそれほど節制しているとも思えないのだが、やはりもって生まれたＤＮＡとやらが関係しているのだろうか。歯にさんざん苦しめられた私には信じられない話で、まったくうらやましい限りである。

おそらくほとんどの人に経験があることだろうが、虫歯が痛むのは実に辛いものだ。とくに夜中に歯が痛みだすと、情けないやら痛いやらで、朝まで眠れない状態が続く。

それでもいまなら氷で冷やしたり鎮痛剤をのんだりして我慢し、翌朝一番に歯科医に駆けつければなんとかしてもらえる。「地獄にホトケ」とはこのことで、こんなときには歯科医師がまるで命の恩人のように思えてくるものだ。

虫歯は痛いだけでなく、困ったことに治療するのに結構カネがかかる。漢代の名医として知られる倉公《そうこう》、名は淳于意《じゅんうい》はあらゆる病気を治療したが、彼は歯痛に悩む人には朝鮮人参を処方したスープを作り、それを一日に三升も使ってうがいをさせたという。保険なんかもちろんなかったから、歯痛を治療するには、昔の中国でもずいぶんカネがかかったようだ。

それでも近くに医者がいればまだしも幸いである。医者というものが存在しなかった時代には、歯痛のために地獄の苦しみを味わった人がきっとたくさんいたにちがいない。そう考えれば、現代に生まれて本当によかった、と私はしみじみ思う。

いまから三千三百年前に使われていた甲骨文字の中にも、虫歯に苦しめられた人が登場する。ある人物——おそらく王だろう——が虫歯に苦しんでいるのは、ご先祖様のたたりではないだろうか、と神にたずねている文章が、一枚の甲骨の上に記録されている。王の病気が先祖のたたりではないかと占う甲骨はたくさんあるが、その時代には歯痛もたたりの一種と考えられたようだ。

ところで甲骨文に見える「歯」という文字は、大きく開けた口から数本の歯が見えているさまをかたどった、非常にわかりやすい象形文字である。かつて私は、その字形を診療所の看板に使わないか、と友人の歯科医師に提案したことがあるが、そんなものを掲げればだれ一人として患者がこなくなってしまう、とたちどころに拒否された。彼は上下それぞれ二本ずつくらいしか歯が見えない甲骨文字の字形を、虫歯だらけの口を写実的にかたどった象形文字だと考えたのである。

しかし「歯」と同じく象形文字である「山」という漢字は、峰が三つしか描かれていないが、それで富士山を表すことも、槍ヶ岳を表すことも可能である。「魚」という象形文字でメダカやタイはもちろんのこと、チョウチンアンコウやタチウオを表すことだってできるのである。

口の中に歯が何本あろうが、象形文字ではそれを正確に描き取る必要はない。上下に二本ずつしか歯が描かれていなくても、それは決して虫歯だらけの口を描いた文字ではないのである。そしてその甲骨文字の形がそのまま後世に引き継がれ、さらに発音を表すマーク(音符)である《止》(シ)が上に加えられて、「齒」という漢字ができた。

いまの日本で使っている「歯」はその「齒」の省略形で、かつては「齒」の俗字として使われていたものが、戦後の当用漢字制定のときに「齒」に代わって規範的な字形とされた。だから十二画の文字である「歯」を漢和辞典で引くときには、十五画にある《齒》部を見る必要がある。小学生が使う学習用の辞典などは別として、一般の漢和辞典ではあくまでも本来の「齒」という形が基準とされていて、《齒》部に収められる漢字は、常用漢字に入っている「齢」以外は、左側（ヘンの部分）がすべて《齒》の形になっている。

この部に収められる漢字は歯の種類、または歯に関することがらを表す漢字ばかりであって、たとえば「齧」（かじる）とか「齶」（はぐき）という字などは、意符の部分を《齒》とするよりも《齒》と書くほうが、文字の意味がはっきりと示されるように感じられる。《齒》のついた漢字を見ていると、ガシガシとかギリギリという生々しい擬音語が聞こえてくるような気はしないだろうか。歯医者に行った経験をもたない知人の意見をぜひとも聞いてみたいものだ。

【龜】

16画

かめ

知人に「カメヤマ」さんが二人いて、一人は「亀山」さん、もう一人は「龜山」さんと書く。もちろん同じ漢字の新字体と旧字体のちがいで、一般的な文章ではふつう「亀」が使われるが、戸籍上では姓については使いわけが認められていて、わが知人の「龜山」さんは、「亀山」と書かれると不愉快だという。そういえば亡くなった團伊《だんい》玖《く》磨《ま》氏は、宛先に「団」と書かれた郵便物を絶対に開封しなかったという話をどこかで読んだ覚えがある。

息子が中学の受験勉強をしていたころ、塾で使っている国語の問題集を見ていると、「亀」という字の成り立ちを問う問題があった。もちろん「象形」が正解だが、しかしいまの「亀」という字形では象形文字であることがちょっとわかりにくい。本来の字形である「龜」なら、カメの形をかたどった象形文字であることが容易に見てとれるのだが、いまの学校では旧字体を教えない。旧字体を教えないことは別にかまわないとは思うが、新字体を使って成り立ちを解釈させることには、私はどうも釈然としないものを感じている。

漢和辞典では「亀」は十六画の《龜》部に収められているが、この《龜》部は収録字数のきわめて少ない部で、手元のコンパクトな漢和辞典では「亀」一字しか収められていない（「亀」のところに異体字として「龜」と「龜」が掲出されている）。

日本や中国では亀は身近な生き物で、非常に早い時代から人々と密接な関係をもっていた。私たちが見ることのできるもっとも古い漢字は、紀元前一三〇〇年から一〇〇〇年くらいまでの時代に使われた「甲骨文字」で、これは王や国家にとって重大なことを占った記録の文字だが、占いに使われたのは亀の甲羅か牛の骨で、文字もそこに刻まれた。「甲骨」という名称が、占いに使われた素材に由来することは、あらためていうまでもないだろう。

亀は神のお告げを得るための神聖な動物だった。さらに中国の神話では、大地は大きな亀の上に載っていて、亀が歩くにつれて大地が動くので、それで太陽が東から昇って西に沈むように見えると考えられていた。奇想天外な話ではあるが、しかしそれは一種の地動説であった。

人の長寿を「亀齢鶴算《きれいかくさん》」というように、中国でも鶴と亀とをペアにして長命のたとえとする。しかし鶴がずっとめでたい鳥でありつづけたのに対し、亀は時代とともに価値が下落した。古代から現代にいたるまでに、亀ほど社会的な地位がさがった動物も珍しい。

北魏《ほくぎ》（三八六〜五三四）の歴史を書いた書物の中に、北魏によって奪われた領土を取り返そうと計画する南朝・宋《そう》の皇帝を「亀鼈《きべつ》の小豎《しょうじゅ》」と嘲笑《ちょうしょう》する一節がある。日本語に訳せば「この亀野郎のこわっぱめ」というくらいの意味になるから、ここでは亀が罵倒語に使われているわけだ。だいたいこの南北朝時代くらいから、亀は人を罵る表現に使われる、かわいそうな動物となったようだ。

亀がそんな不名誉な言い方に使われるようになった背景には、どうやら性的な意味があるらしく、オスの亀はメスの蛇と交わるとか、あるいは亀は往来のどまんなかで、人が見ている前でも平気で交尾するとかいわれ、亀はとんでもない恥知らずの生き物であるとの認識が、かつての中国では定着していた。

そんな破廉恥な亀のイメージで他人をおとしめることはことばだけでなく、亀の具体的な姿を思い浮かべさせる形でも使われた。唐代の社会や文化について記録した『封氏《ほうし》聞見記《ぶんけんき》』によれば、ある地域の長官であった李封《りほう》という人が、杖刑《じょうけい》（杖で叩く刑罰）を廃止し、そのかわり犯した罪の重さによって日数を定めて、外出時に頭を緑の頭巾《ずきん》で包んで歩かせるようにした、という話がある。このようにしたところ、人々はその姿で街を歩くことを大変な屈辱と感じ、それ以後は罪を犯す者がぐっと少なくなったという。

川に生息する亀は首のところが緑色になっていることがよくあるが、李封が発案したこの一風変わった刑罰は、まさにそんな亀の姿をイメージさせるものだった。だからこそ罪人たちは緑の頭巾をつけて歩くことを心底いやがったのである。

さらにもっと後の時代には、「戴緑帽子」（緑色の帽子をかぶる）という表現が、コキュすなわち妻を寝取られたマヌケな男を意味する隠語として使われた。刑罰もコキュも、どちらも亀の破廉恥なイメージが取りこまれた結果である。昔は大地を載せ、また神のお告げを得るのに使われた神聖な亀が、ついにここまで落ちてしまったのは、亀のためにはまことに悲しむべきことであった。

【龠】17画　やくのふえ

漢和辞典の部首は、清朝第三代皇帝康熙帝の命令によって、一七一六年に作られた『康熙字典』が採った方法に準拠しており、二百十四の部からできている。『康熙字典』の中には実際にはずいぶん多くの誤りがあるのだが、しかし皇帝の勅命をうけて編纂されたものであるから、それに対する批判はいっさい許されず、それ以後の漢字研究において、もっとも権威ある正統的なものとされてきた。いまの日本でも、漢字に関してなんらかのよりどころが必要となったときには、ためらうことなく『康熙字典』がもちだされる。

だからそれ以後の漢字に関する辞書は基本的に『康熙字典』の形式を踏襲することになったのだが、しかしその部首の配列と構成は実際には『康熙字典』のオリジナルでなく、二百十四という部首の数も、さらに部首字と部内の漢字が筆画数の順に並べられるという点も、ともに明《みん》の梅膺祚《ばいようそ》が作った『字彙《じい》』のそれをそのまま踏襲したものである。『字彙』より前の漢字字典では、画数順という方法がまだ考案されていなかったから、部内で漢字をどのように並べるかについてはほとんど無原則だった。だからある漢字を検索しようとして、それがよしんば「崎」とか「橋」のように所属部首が簡単にわかるものであっても、《山》部とか《木》部のように収録字数が多い部からそれを見つけだすのにはかなりの時間がかかったものだった。

部首法を創始した『説文解字』では部首が五百四十もあった。それが《一》部からはじまることは本書の冒頭に述べたが、最後は《亥》部で終わっていた。「亥」はイノシシの形をかたどった象形文字だが、『説文解字』がそれを部首の最後に置いているのは、「亥」が「子」（ネ）からはじまる十二支の最後にくる文字だからである。

『説文解字』は全書の最後に甲・乙・丙などの十干の文字をそれぞれ部首字とし、さらに続けて十二支の文字をそれぞれ部首字とする。そしてシンガリとなる《亥》部のところに、「亥にして子を生み、復た一より始まる」（イノシシが子供を産んで、また一からはじまる）と記している。つまり最後の《亥》部からふたたび最初の《一》部に戻ろうとするわけで、部首はこうして循環する。そこには漢代の普遍的な哲学であった「陰陽五行説」が織りこまれていて、『説文解字』はこうして文字の次元で循環する宇宙を表現しようとしたのであった。

『説文解字』は単なる字書ではなく実は哲学的な著述だった。そこには著者許慎の深奥な哲理がちりばめられている。しかし後世の人々は、『説文解字』を九千もの漢字について本義を記した字書として利用した。そのときに難解な哲学によって構築された部首は、まことに不便なものと意識された。だからこそ『説文解字』の部首は時代とともに整理統合され、最終的に『康熙字典』(すなわち『字彙』式)の二百十四部となった。西暦一〇〇年の『説文解字』から、一七一六年にできた『康熙字典』までに部の数は半分以下になったわけだが、これは漢字を字書の中からより簡単に見つけるために改良を加えてきた結果にほかならない。『康熙字典』の部首の建て方が完璧なものであるというわけでは決してない。しかしそれでも『説文解字』にくらべると、ずいぶん扱いやすくなっている。そのことを示す一つの例として、大きな画数をもつ字が部首になっているケースを見てみよう。

『康熙字典』で最大の画数をもつ部首は、最後にある十七画の《龠》部であり、その前には十六画の《龍》部と《龜》部がある。

「龠」という漢字は、古代においても現代においても、日本においても中国においても、実際にはほとんど使われない。しかし字書であるかぎり、それを収録しないわけにはいかない。

「龠」は孔が三つあいている、神事などで音楽を演奏するのに使われる笛を意味する字で、上にある三つの《口》は笛の吹き口、下は竹の管を並べて紐《ひも》でくくった形を表している。つまりこの字は全体として笛の形をかたどった象形文字なのだが、この漢字だけなら、《八》（はちがしら）とか《口》の部に入れてしまうほうがわかりやすい。しかし、「龡」（「吹」の本字）や「龥」（呼ぶ）など、「龠」を字形に含む漢字があるので、《龠》が部首に建てられる。だがそれでもその数は多くなく、手元の漢和辞典ではわずか四文字しか収録されていない。

いっぽう『説文解字』でも「龠」は部首字とされているが、それ以外に「豐」や「蟲」（十八画）や「瀕」（十九画）、「麤」（二十二画）など十七画を越える部首字がいくつもあり、最大画数部首字の「䨻」は、なんと三十三画もある。

そう考えれば「龠」などまだかわいいものだ。いかに「龠」が笛であっても、この程度で音をあげていてはいけないのである。

阿辻哲次（あつじ・てつじ）

1951年，大阪府生まれ．京都大学大学院文学研究科博士課程修了．静岡大学助教授，京都大学大学院人間・環境学研究科教授等を経て，現在，公益財団法人日本漢字能力検定協会漢字文化研究所所長・漢字博物館・図書館（漢字ミュージアム）館長．京都大学名誉教授．専攻・中国文化史．
著書『部首のはなし　2』（中央公論新社）
『近くて遠い中国語』（中央公論新社）
『漢字再入門』（中央公論新社）
『遊遊漢字学 中国には「鰯」がない』（日本経済新聞出版）
『日本人のための漢字入門』（講談社）
『漢字の知恵』（筑摩書房）
『漢字三昧』（光文社）
『漢字のはなし』（岩波書店）
『漢字のいい話』（大修館書店）
『漢字道楽』（講談社）
『漢字のなりたち物語』（講談社）
『漢字の社会史』（PHP 研究所）
『中国漢字紀行』（大修館書店）
『漢字の字源』（講談社）
『図説漢字の歴史』（大修館書店）
ほか

部首《ぶしゅ》のはなし
中公新書 *1755*

2004年7月25日初版
2025年3月5日13版

著　者　阿辻哲次
発行者　安部順一

本文印刷　三晃印刷
カバー印刷　大熊整美堂
製　　本　小泉製本

発行所　中央公論新社
〒100-8152
東京都千代田区大手町 1-7-1
電話　販売 03-5299-1730
　　　編集 03-5299-1830
URL https://www.chuko.co.jp/

Published by CHUOKORON-SHINSHA, INC.
Printed in Japan　ISBN978-4-12-101755-0 C1281

中公新書刊行のことば

一九六二年一一月

いまからちょうど五世紀まえ、グーテンベルクが近代印刷術を発明したとき、書物の大量生産は潜在的可能性を獲得し、いまからちょうど一世紀まえ、世界のおもな文明国で義務教育制度が採用されたとき、書物の大量需要の潜在性が形成された。この二つの潜在性がはげしく現実化したのが現代である。

いまや、書物によって視野を拡大し、変りゆく世界に豊かに対応しようとする強い要求を私たちは抑えることができない。この要求にこたえる義務を、今日の書物は背負っている。だが、その義務は、たんに専門的知識の通俗化をはかることによって果たされるものでもなく、通俗的好奇心にうったえて、いたずらに発行部数の巨大さを誇ることによって果たされるものでもない。現代を真摯に生きようとする読者に、真に知るに価いする知識だけを選びだして提供すること、これが中公新書の最大の目標である。

私たちは、知識として錯覚しているものによってしばしば動かされ、裏切られる。私たちは、作為によってあたえられた知識のうえに生きることがあまりに多く、ゆるぎない事実を通して思索することがあまりにすくない。中公新書が、その一貫した特色として自らに課すものは、この事実のみの持つ無条件の説得力を発揮させることである。現代にあらたな意味を投げかけるべく待機している過去の歴史的事実もまた、中公新書によって数多く発掘されるであろう。

中公新書は、現代を自らの眼で見つめようとする、逞しい知的な読者の活力となることを欲している。

中公新書

哲学・思想

1	日本の名著(改版)	桑原武夫編
2187	物語 哲学の歴史	伊藤邦武
2378	保守主義とは何か	宇野重規
2522	リバタリアニズム	渡辺靖
2591	白人ナショナリズム	渡辺靖
2288	フランクフルト学派	細見和之
2799	戦後フランス思想	伊藤直
2300	フランス現代思想史	岡本裕一朗
832	外国人による日本論の名著	佐伯彰一・芳賀徹編
1696	日本文化論の系譜	大久保喬樹
2097	江戸の思想史	田尻祐一郎
2276	本居宣長	田中康二
2686	中国哲学史	中島隆博
1989	諸子百家	湯浅邦弘
36	荘子	福永光司
1695	韓非子	冨谷至
2042	菜根譚	湯浅邦弘
2220	言語学の教室	西村義樹・野矢茂樹
1862	入門！論理学	野矢茂樹
448	詭弁論理学(改版)	野崎昭弘
2757	J・S・ミル	関口正司
1939	ニーチェ ツァラトゥストラの謎	村井則夫
2594	マックス・ウェーバー	野口雅弘
2597	カール・シュミット	蔭山宏
2257	ハンナ・アーレント	矢野久美子
2339	ロラン・バルト	石川美子
2674	ジョン・ロールズ	齋藤純一・田中将人
674	時間と自己	木村敏
2495	幸福とは何か	長谷川宏
2505	正義とは何か	神島裕子

中公新書

宗教・倫理

中公新書

言語・文学・エッセイ

j1

2756 言語の本質 今井むつみ・秋田喜美
433 日本語の個性（改版） 外山滋比古
533 日本の方言地図 徳川宗賢編
2740 日本語の発音はどう変わってきたか 釘貫亨
2493 日本語を翻訳するということ 牧野成一
500 漢字百話 白川静
2213 漢字再入門 阿辻哲次
1755 部首のはなし 阿辻哲次
2534 漢字の字形 落合淳思
2430 謎の漢字 笹原宏之
2363 外国語を学ぶための言語学の考え方 黒田龍之助
2808 広東語の世界 飯田真紀
2812 サンスクリット入門 赤松明彦
1833 ラテン語の世界 小林標
1971 英語の歴史 寺澤盾

2407 英単語の世界 寺澤盾
1533 英語達人列伝 斎藤兆史
2738 英語達人列伝Ⅱ 斎藤兆史
1701 英語達人塾 斎藤兆史
2628 英文法再入門 澤井康佑
2684 中学英語「再」入門 澤井康佑
2637 英語の読み方 北村一真
2797 英語の読み方 リスニング篇 北村一真
2775 英語の発音と綴り 大名力
2836 使うための英語—ELF（世界の共通語）として学ぶ 瀧野みゆき
352 日本の名作 小田切進
2556 日本近代文学入門 堀啓子
2609 現代日本を読む—ノンフィクションの名作・問題作 武田徹
563 幼い子の文学 瀬田貞二
2156 源氏物語の結婚 工藤重矩
2585 徒然草 川平敏文
1798 ギリシア神話 西村賀子

2382 シェイクスピア 河合祥一郎
275 マザー・グースの唄 平野敬一
2716 カラー版 絵画で読む『失われた時を求めて』 吉川一義
2404 ラテンアメリカ文学入門 寺尾隆吉
1790 批評理論入門 廣野由美子
2641 小説読解入門 廣野由美子